SAUVEZ VOTRE RETRAITE !

DU MÊME AUTEUR

Chez le même éditeur

Un trader ne meurt jamais, 2009
Pour tout l'or du monde, 2010
Sauvez votre argent !, 2011
Immobiliez vous !, 2012

Chez d'autres éditeurs

Tu seras un homme riche, mon fils,
Bourin Éditeur, 2005

MARC FIORENTINO

SAUVEZ VOTRE RETRAITE !

ROBERT LAFFONT

ISBN 978-2-221-13077-3

À Laurence
À Samuel et Laura

SOMMAIRE

INTRODUCTION

J'ai une question à vous poser 13
J'ai des nouvelles pour vous 15
2013 est l'année des retraites 17
Le problème des retraites est simple 19

Première partie

VOUS ALLEZ VITE COMPRENDRE LE PROBLÈME

1. Les chiffres qui font peur 23
2. Les politiques ne connaissent pas la règle de 3 25
3. Dites-nous la vérité, rien que la vérité 27

Deuxième partie

TOUT CE QUE VOUS DEVEZ SAVOIR SUR LA RETRAITE

1. Le vernis pour une discussion de salon......... 33
2. Les chiffres clés 35
3. Les essentiels 37

Troisième partie

À CHACUN SA RETRAITE...

1. Vous êtes salarié du privé 47
2. Vous êtes fonctionnaire................................. 50
3. Vous êtes chef d'exploitation
ou d'entreprise agricole................................. 53
4. Vous êtes artisan ou commerçant 55
5. Vous exercez une profession libérale 57

LES QUATRE PILIERS DE LA RETRAITE :

Quatrième partie

LA PRÉPARATION

1. Estimez le montant de votre future retraite... 69
2. Estimez vos revenus
et votre patrimoine futurs 72
3. Évaluez vos besoins à la retraite 74
4. Faites votre bilan retraite 77

Cinquième partie

L'ÉPARGNE

1. Constituez une épargne 83
2. Les produits généraux d'épargne
utiles pour la retraite 87
3. Les produits spécifiques d'épargne retraite .. 98

Sixième partie

L'IMMOBILIER, CLÉ DE LA RETRAITE

1. Un toit 113
2. Un capital 115
3. Une rente 117

Septième partie

L'IN-DÉPENDANCE

1. L'angoisse de la dépendance 127
2. L'assurance dépendance 129
3. L'alternative à l'assurance dépendance 132

Huitième partie

QUELLE STRATÉGIE RETRAITE POUR QUEL ÂGE ?

1. Vous avez entre 27 ans et 37 ans 139
2. Vous avez entre 37 ans et 47 ans 142

3. Vous avez entre 47 ans et 57 ans 146
4. Vous avez entre 57 ans et 67 ans 148
5. Vous avez plus de 67 ans ou
vous êtes déjà retraité… 151

Neuvième partie

SPÉCIAL RETRAITÉS : ATTENTION DANGER !!

1. Comment gérez vos économies ?.................. 155
2. Faut-il transmettre ?...................................... 158
3. Il faut protéger votre conjoint… 164
4. Guerre des générations :
comment vous protéger ?................................ 171

CONCLUSION : Vous êtes un cas… 177
Dix cas concrets 177

Remerciements... 201

INTRODUCTION

J'ai une question à vous poser

Est-ce que vous êtes serein, financièrement, pour votre retraite future ?

Franchement…

Non ?

Vous avez raison et 80 % des Français pensent comme vous.

J'ai donc, si vous le permettez, une autre question :

Est-ce que vous préparez, financièrement, votre retraite future ou le reste de votre retraite actuelle ?

Pas de gêne entre nous…

Non ?

Vous avez tort comme les 65 % des Français qui font comme vous.

Votre retraite est en danger et la situation ne peut qu'empirer.

Vous en avez conscience. Vous le savez. Mais vous ne faites rien.

Vous ne pouvez plus continuer comme cela.

Vous ne pouvez plus l'ignorer et ne rien faire. C'est impossible.

Vous devez vous attaquer au problème.

Pas demain. Ni dans un an ou dans dix.

Maintenant. Aujourd'hui. Tout de suite.

J'ai des nouvelles pour vous

Une bonne :

Vous allez vivre plus vieux :

— nous avons gagné 15 ans d'espérance de vie en 60 ans ;

— nous gagnons encore trois mois d'espérance de vie par an.

Plusieurs mauvaises :

Le système de retraites français est en faillite.

Les 35 régimes de retraite vont se fondre en un seul régime : la diète.

Vous n'allez pas toucher la retraite à laquelle vous avez droit.

Vous allez devoir travailler plus longtemps que prévu.

Les jeunes cotisent pour rien, les seniors vont se faire voler une partie de leurs économies.

Et une très bonne nouvelle :

Il y a une solution. Pour vous. Pour chacun d'entre vous.

Et nous allons trouver celle qui vous convient ensemble.

2013 est l'année des retraites

2013 est une année cruciale pour notre système de retraites.

Les trois dernières réformes, celle d'Edouard Balladur en 1993, celle de François Fillon en 2003 et celle de Nicolas Sarkozy en 2010, ont fait évoluer le système sans régler les problèmes de fond.

Quant aux mesures de François Hollande sur le retour de la retraite à 60 ans, elles n'ont fait que conforter le déni de réalité total dans lequel les gouvernements successifs se sont enfermés.

Mais la situation n'est pas tenable.

Les derniers rapports du Conseil d'Orientation des Retraites étaient déjà effrayants. Tous les scénarios envisagés par le COR débouchaient sur un déficit massif, insoutenable pour les finances publiques. Et le dernier rapport du COR se basait sur des hypothèses déjà obsolètes comme un taux de chômage de 7 %.

Le Conseil d'orientation des retraites s'est donc remis au travail avec des hypothèses réalistes. Et le rapport publié fin 2012 est sans appel.

Le système des retraites en France n'a pas besoin d'une évolution mais d'une révolution. Une ré-vo-lu-tion.

Une « concertation » va commencer au printemps 2013 pour déboucher sur une réforme.

Si cette réforme est une évolution, le système français est condamné et vous ne pourrez compter que sur vous. Nous verrons ensemble comment.

Si cette réforme est une révolution, le système français pourra survivre mais je ne crois pas que les politiques de tout bord puissent se mettre d'accord pour sauver un des fondements de notre « modèle social ». En cas de refonte complète du système, vous toucherez moins d'argent pour votre retraite, et il faut donc que nous nous y préparions.

Le problème des retraites est simple

On voudrait ramener le débat sur la retraite à un débat de choix de société. Il y aurait d'un côté les « gentils » qui veulent que tout le monde parte à la retraite à 60 ans et profite de plus de vingt ans de loisirs ; de l'autre les « méchants » qui veulent réduire la population française en esclavage jusqu'à ce que mort s'ensuive.

C'est plus compliqué que cela. C'est plus simple que cela.

Compte tenu de l'allongement de la durée de la vie, du déséquilibre qui se creuse entre la population active et la population inactive, il ne sera pas possible de maintenir le système actuel de retraites. Pour résoudre l'équation, il faut donc allonger la durée de la vie active, baisser le niveau des retraites et encourager les retraites supplémentaires par capitalisation.

Inutile de vous lamenter ou de vous lancer dans des diatribes idéologiques. Vous allez donc travailler plus longtemps, toucher une retraite nettement inférieure à vos prévisions les plus pessimistes et devoir épargner.

Il faut donc, dès maintenant, quel que soit votre âge, vous organiser. Pour que vous puissiez profiter de votre retraite, aujourd'hui, demain, dans dix, vingt, trente ou quarante ans dans des conditions optimales. C'est l'objectif de ce livre.

PREMIÈRE PARTIE

Vous allez vite comprendre le problème

1/

Les chiffres qui font peur...

L'espérance de vie :
En 1950, l'espérance de vie était de 66 ans.
En 2013, elle est supérieure à 81 ans.
En 2050, elle sera supérieure à 88 ans.

L'espérance de vie à l'âge effectif de départ à la retraite :
En 1960 : 13 ans.
En 2013 : 22 ans.
En 2050 : 25 ans.

Le rapport actifs/inactifs :
En 1960, 4 actifs cotisaient pour 1 inactif.
En 2013, 1,8 actif cotise pour 1 inactif.
En 2050, 1,4 actif cotisera pour 1 inactif.

Vous avez compris le problème, non ?

C'est simple : Vous vivez beaucoup plus longtemps et il n'y a plus assez d'actifs pour financer la retraite.

Est-ce qu'on peut faire plus facile à comprendre ?

Non. Et pourtant, la « grande consultation » sur les retraites qui va démarrer en 2013 va une fois de plus compliquer le problème pour, une fois de plus, éviter de le résoudre. Au prochain président, aux prochains députés, aux prochains sénateurs de récupérer cette grenade dégoupillée qui peut nous exploser à la figure à tout moment.

Le problème de la retraite est extrêmement grave et pourtant extrêmement simple, mais le manque de courage politique depuis plus de trente ans n'a pas permis de le résoudre.

2/

Les politiques ne connaissent pas la règle de 3

Faisons un petit test ensemble.

Un test simple. Je n'ai aucun doute sur le fait que vous trouverez les bonnes réponses mais vous allez être surpris par celles des cancres démagogues qui nous gouvernent depuis des décennies.

Question numéro 1 :

Si l'âge légal de départ à la retraite était en 1945 de 65 ans alors que l'espérance de vie était 65 ans, quel devrait être l'âge légal de départ à la retraite en 2013 quand l'espérance de vie est de 81 ans ?

Réponse : 81 ans.

Réponse des cancres : 62 ans (il y a même quelques personnes qui répondent 60 ans…).

Question numéro 2 :

Si la retraite était égale à 50 % des derniers revenus quand il y avait 4 actifs pour 1 inactif, quel devrait être ce pourcentage en 2013 avec 1,8 actif pour 1 inactif ?

Réponse : 22,5 %.

Réponse des cancres : 50 % toujours… on ne change rien.

Pas besoin d'aller plus loin ?

Vous comprenez pourquoi nous allons dans le mur.

Vous comprenez pourquoi toutes ces grandes concertations seront inutiles tant qu'un dirigeant n'aura pas le courage de dire la vérité. Et la vérité tient en quelques mots, quelques mots que les Français comprennent déjà puisqu'ils sont plus de 75 % à penser qu'ils toucheront une retraite largement inférieure à ce qui est prévu.

3/

Dites-nous la vérité, rien que la vérité

Voici le discours qu'on devrait vous tenir à l'ouverture de la grande « concertation » sur les retraites :

« Chers compatriotes

L'amélioration des conditions de vie vous permet de gagner aujourd'hui trois mois de vie par an. En soixante ans, nous avons déjà gagné quinze ans. C'est une avancée considérable. Un formidable bond en avant.

Mais l'allongement de la durée de la vie et la baisse de plus de 50 % du nombre d'actifs par inactif ne permettent plus de garantir le paiement d'une retraite au taux actuel à 62 ans, et encore moins à 60 ans.

Il va donc être nécessaire de travailler plus longtemps *et* de réduire de façon drastique le montant de votre retraite.

Et, pas *ou.* Les deux sont nécessaires. Et développer un système complémentaire de retraite par l'épargne.

Pour que notre système soit viable, il faudrait dès maintenant passer l'âge minimum de départ à la retraite à 67 ans, et à 70 ans en 2030, réduire de 30 % le montant de vos retraites futures, aligner la retraite des fonctionnaires sur celle du secteur privé et rendre obligatoire la retraite complémentaire par l'épargne.

Tout progrès a un prix et le maintien d'un système de solidarité à la française passe par ce sacrifice inévitable. »

Voilà, c'est dit.

Est-ce que c'est une bonne nouvelle ? Est-ce que c'est agréable à annoncer ? Non, bien sûr.

Est-il préférable qu'on puisse partir à la retraite le plus tôt possible si on le souhaite ? Est-il juste qu'une personne qui a travaillé quarante ans dans des conditions difficiles puisse partir à la retraite ? Oui, bien sûr.

Mais en avons-nous les moyens ? Non…

Il vaut mieux, pour se faire réélire et être populaire, continuer à faire croire qu'on pourra continuer à toucher la même retraite en s'arrêtant toujours de travailler à 62 ans ou à 60 ans. Personne n'y croit, bien sûr, surtout pas ceux à qui on fait cette promesse mensongère, mais c'est plus simple de fuir la vérité.

Moi aussi j'aimerais qu'on vive dans un monde où on pourrait distribuer autant, si ce n'est plus, à des gens qui travaillent aussi longtemps, voire moins longtemps. Mais j'aimerais aussi avoir des super-pouvoirs, courir un marathon en deux heures à 100 ans, aller sur Mars et pouvoir supprimer les guerres et la faim dans le monde. Mais nous ne sommes pas à l'élection de Miss France…

Il faut dire la vérité. LA VÉRITÉ.

Et cette vérité est arithmétique, mathématique, cartésienne, elle n'est ni idéologique ni dogmatique, elle n'est ni de gauche ni de droite, elle est juste calculable, vérifiable, imparable.

Le système de répartition est viable. C'est une bonne nouvelle. Il est viable, si on accepte la vérité.

Et pour combler la baisse du montant des retraites qu'elles percevront, les générations actives doivent épargner. Elles doivent capitaliser (quel mot affreux dans le pays de la langue de bois), capitaliser !

Le système de répartition doit donc être complété par un système de capitalisation. *Complété.* Mais surtout pas *remplacé.* Car le système de capitalisation n'est vraiment pas la solution.

Les rapports d'experts internationaux, et notamment les rapports de l'OCDE, sont tous unanimes.

Pour résoudre l'équation de la retraite, il faut allonger la durée de la vie active, réduire le niveau des pensions puis l'ajuster en fonction de l'espérance de vie et encourager l'épargne retraite.

Oubliez tout le reste. Tout le reste n'est que mensonge ou propagande. On ne peut pas maintenir la retraite à 60 ans avec une espérance de vie à 81 ans en priant pour que la croissance soit supérieure à 5 %, ce qui n'est jamais arrivé depuis quarante ans ou en « prenant l'argent des riches ». Vous pouvez y croire si vous voulez, comme vous pouvez croire aux contes de fées ou prier pour gagner à l'Euromillion.

Mais le propos de ce livre est de vous aider à régler votre problème de retraite dès lors que vous avez accepté de voir la vérité en face.

Si ce n'est pas le cas, ce livre est inutile. Revendez-le tant qu'il a encore un peu de valeur et continuez à croire au Père Noël et aux politiques.

ET AILLEURS ON PART À QUEL ÂGE À LA RETRAITE ?

	Âge légal du départ à la retraite
Allemagne	67 ans
Belgique	65 ans
Danemark	65 ans
Espagne	65 ans
États-Unis	65,8 ans
Irlande	66 ans
Italie	65 ans
Japon	64 ans
Luxembourg	65 ans
Pays-Bas	65 ans
Portugal	65 ans
Royaume-Uni	65 ans
France	60-62 ans…

Cherchez l'erreur…

(Source : OCDE.)

DEUXIÈME PARTIE

Tout ce que vous devez savoir sur la retraite

1/

Le vernis pour une discussion de salon

— La retraite à la française a été introduite progressivement à partir de 1945.

— Il existe encore 35 régimes de retraite, pour les salariés du privé, pour les indépendants, pour les fonctionnaires et les régimes spéciaux. Malgré de nombreuses fusions de régimes lors des multiples réformes.

— Il faut distinguer le régime dit « de base » et les régimes complémentaires. Ces deux régimes sont obligatoires.

— Les régimes complémentaires ont été créés en 1947 pour améliorer le régime de base et ont été rendus obligatoires en 1972.

— Le système de retraite français est un système par répartition. L'autre grand système de retraite, utilisé notamment dans les pays anglo-saxons, est le système par capitalisation.

— En France, la « solidarité » s'exprime depuis 1956 par l'existence d'un minimum vieillesse pour les personnes de plus de 65 ans qui n'ont pas suffisamment cotisé, faute d'avoir travaillé le nombre d'années suffisantes.

Avec cela vous pouvez briller en société…

2/
Les chiffres clés

— Il y a 16 millions de retraités en France.

— La retraite est la dépense sociale la plus élevée : près de 300 milliards d'euros en 2013.

— La répartition des cotisants par régime de base est la suivante : 69 % privé ou général, 18 % fonctionnaires, 11 % indépendants, 2 % régimes spéciaux.

— L'âge légal de la retraite dans le privé est de 62 ans, de 67 ans pour une retraite à taux plein sans condition de durée de cotisation, de 70 ans pour la retraite d'office.

— L'âge moyen de départ à la retraite est de 58 ans et 4 mois dans le public (il diminue depuis deux ans !!) et de 61 et 11 mois dans le privé (il augmente depuis deux ans)… (*No comment.*)

— La pension moyenne des fonctionnaires partis à la retraite cette année est de 2 121 euros par mois.

— La pension moyenne par retraité tous régimes confondus est d'environ 1 300 euros par mois.

— Le taux d'emploi des 65-69 ans est seulement de 5,3 % en France, contre 10,1 % en Allemagne, 30 % aux États-Unis et 36 % au Japon !

3/ Les essentiels

1. Répartition versus capitalisation

Dans le système par répartition, les personnes actives versent des cotisations obligatoires à des organismes qui les reversent à des retraités. Ce sont donc les cotisations des actifs qui paient instantanément les pensions des retraités.

Dans un système de retraite par capitalisation, c'est la personne active qui se constitue une épargne qui lui permettra de s'assurer sa propre pension dans l'avenir.

Depuis 1947, la France a fait le choix de la retraite par répartition, choix réaffirmé par la loi du 21 août 2003 et celle du 9 novembre 2010.

2. Qu'est-ce qu'un régime de retraite ?

La gestion des retraites pour les différentes professions est assurée dans le cadre de « régimes ».

Chaque profession a son régime obligatoire qui est composé d'un régime de base et de régimes complémentaires.

Les régimes de base sont aussi appelés régimes légaux. Le principe de la retraite de base est le versement d'une pension en fonction des cotisations versées.

Les régimes complémentaires fonctionnent selon un principe de points : chaque cotisation versée rapporte un certain nombre de points (selon le prix du point qui varie chaque année). Lors de la liquidation, le retraité obtient une pension qui est égale au nombre de points multiplié par leur valeur de liquidation (qui varie également chaque année).

3. Les trois niveaux de retraite

• Les régimes de base

C'est la base de notre système de retraite. Ce sont les régimes qui sont légalement obligatoires et qui couvrent toutes les professions, des salariés du privé aux travailleurs non salariés en passant par les fonctionnaires.

• Les régimes complémentaires

Ils sont également obligatoires et sont fondés, comme les régimes de base, sur le modèle de la répartition avec un système de points qui dépend de la durée et du montant des cotisations.

• Les régimes supplémentaires

Ce sont des régimes non obligatoires, complémentaires qui peuvent être collectifs ou individuels (PERP, Perco, Préfon, article 83… voir page 96).

4. Les régimes spéciaux

L'État et certains employeurs privés ont, au cours de l'histoire, créé des régimes de protection sociale spécifiques à certains secteurs d'activité. Lors de la création du régime général de Sécurité sociale en 1945, les régimes spéciaux ont été conservés. Exemples : les militaires, la SNCF, la RATP, les notaires, les marins, l'Opéra national de Paris, la Comédie-Française, le Sénat, les cultes, les agents de collectivités locales.

5. Les 35 organismes de retraite

	RETRAITE DE BASE		RETRAITE COMPLÉMENTAIRE
SALARIÉS			
Salariés de l'agriculture	**MSA** Mutualité sociale agrigole	+	**ARRCO** Retraite complémentaire des salariés + **AGIRC** Retraite complémentaire des cadres
Salariés de l'industrie, du commerce et des services	**CNAV** Régime général de la Sécurité sociale	+	**ARRCO** Retraite complémentaire des salariés + **AGIRC** Retraite complémentaire des cadres
Agents non titulaires de l'État et des collectivités publiques	**CNAV** Régime général de la Sécurité sociale	+	**IRCANTEC**
Personnel navigant de l'aviation civile	**CNAV** Régime général de la Sécurité sociale	+	**CRPN**
Salariés relevant d'entreprises ou de professions à statut particulier	**BANQUE DE FRANCE**, **RETRAITE DES MINES**, **CNIEG** (Gaz-Elec.), **CRPCF** (Comédie-Française), **CRPCEN** (Clercs et employés de notaires), **ENIM** (Marins), **OPÉRA DE PARIS**, **PORT AUTONOME DE STRASBOURG**, **CRP**, **RATP**, **CPRPSNCF**.		
FONCTIONNAIRES			
Fonctionnaires de l'État, magistrats et militaires	**SERVICE DES RETRAITES DE L'ÉTAT**	+	**RAFP** Retraite additionnelle
Agents de la fonction publique territoriale et hospitalière	**CNRACL** Caisse nationale de retraite des agents des collectivités locales	+	**RAFP** Retraite additionnelle
Ouvriers de l'État	**FSPOEIE** Fonds spécial des pensions des ouvriers des établissements industriels de l'État		
NON-SALARIÉS			
Exploitants agricoles	**MSA** Mutualité sociale agricole Retraite de base + complémentaire		
Artisans, commerçants et industriels	**RSI** Régime social des indépendants (fusion Ava et Organic) Retraite de base + complémentaire		
Professions libérales	**CNAVPL** Caisse nationale d'assurance vieillesse des professions libérales Retraite de base + complémentaire + supplémentaire selon les sections professionnelles **CRN** (notaires), **CAVOM** (officiers ministériels), **CARMF** (médecins), **CARCDSF** (dentistes et sages-femmes), **CAVP** (pharmaciens), **CARPIMKO** (infirmiers, kinésithérapeutes…), **CARPV** (vétérinaires), **CAVAMAC** (agents d'assurance), **CAVEC** (experts-comptables), **CIPAV** (architectes et professions libérales diverses).		
Professions libérales	**CNBF** (avocats) Caisse nationale des barreaux français		
Artistes, auteurs d'œuvres originales	**CNAV** Régime général de la Sécurité sociale	+	**IRCEC** Retraite complémentaire
Patrons pêcheurs embarqués	**ENIM**		
Membres des cultes	**CAVIMAC** Caisse d'assurance vieillesse, invalidité et maladie des cultes	+	**ARRCO**

(Source : GIP Info retraite)

6. Les âges de départ à la retraite

Il faut bien distinguer :

— l'âge légal de départ à la retraite, âge à partir duquel on a le droit de partir à la retraite et de toucher une pension. Une retraite perçue est à taux plein, c'est-à-dire à son maximum, quand le nombre de trimestres de cotisation obligatoire est atteint. Le taux de calcul de la retraite peut être minoré (décote) quand le retraité n'a pas le nombre de trimestres requis pour une retraite à taux plein.

— l'âge de départ à la retraite à taux plein, âge à partir duquel on peut partir à la retraite sans subir de décote.

Ainsi, un salarié du privé de 65 ans qui n'a cotisé que trente-huit ans doit subir une décote de 10 % ou travailler jusqu'à 67 ans, âge de départ à la retraite à taux plein.

7. Qu'est-ce que la réversion ?

La pension de réversion est la pension que la conjointe ou le conjoint perçoit lors du décès. C'est un pourcentage de la pension que la personne décédée touchait ou aurait dû toucher.

Pour les fonctionnaires, par exemple, le veuf ou la veuve bénéficie de 50 % de la retraite du conjoint décédé.

En cas de décès, votre conjoint ou conjointe peut bénéficier d'une partie de la retraite de base et de la retraite complémentaire que vous perceviez. Le pourcentage varie selon les régimes de retraite (54 % pour la retraite de base des salariés et travailleurs indépendants, 50 % pour les fonctionnaires et de 50 à 60 % pour les retraites complémentaires). Il peut exister des conditions pour les versement d'une pension de réversion comme des conditions de non-remariage, d'âge ou de ressources du conjoint.

8. Play it again S.A.M.

Le Salaire Annuel Moyen est *le* salaire de référence pour le calcul de votre retraite si vous êtes salarié du privé.

Il est égal à la moyenne des salaires bruts des vingt-cinq meilleures années de votre carrière en tenant compte de trois éléments :

— les salaires bruts de référence sont limités par le plafond de la Sécurité sociale de l'année correspondante (2010 : 34 620 euros, 2011 : 35 532 euros, 2012 : 36 372 euros) ;

— les salaires bruts de référence sont revalorisés lors de la liquidation de la retraite avec des coefficients déterminés chaque année en fonction de l'évolution des prix à la consommation ;

— si vous avez travaillé moins de 25 ans, on fera la moyenne de toutes les années travaillées.

9. Gip Info retraite

Info retraite est le site du Groupement d'intérêt public qui regroupe les 35 organismes de retraite obligatoire (base et complémentaires).

C'est une mine d'informations pratiques et la plupart des publications sur la retraite sont des copier-coller des informations fournies par ce site… Ce n'est pas mon but. Je vous incite donc à y passer autant de temps que nécessaire pour compléter les éléments sur lesquels nous travaillons ensemble dans le livre : www.info-retraite.fr

Je vous recommande notamment la brochure à télécharger sur les démarches pour bien préparer votre départ en retraite. Elle est particulièrement bien faite.

10. Les points de retraite

Dans les régimes par points, comme les régimes de retraite complémentaire, le versement des cotisations donne droit, chaque année, à l'attribution d'un certain nombre de points. Le futur retraité accumule des points tant qu'il travaille, quel que soit son âge. La retraite complémentaire sera égale au nombre de points obtenus multiplié par la valeur du point en vigueur lors du départ à la retraite… qui risque de baisser dans le temps…

11. Le taux de liquidation

C'est le taux qui s'applique pour le calcul de la retraite au salaire ou au revenu annuel moyen dans les régimes de retraites de base. Le taux maximal est le taux plein qui dépend de l'année de naissance et de la durée d'assurance.

12. Le trimestre

C'est l'unité de base dans le monde de la retraite.

13. Le Fonds de solidarité vieillesse (FSV)

Il a été créé en 1993 et finance les avantages vieillesse, le minimum vieillesse et les majorations par enfant. Il est financé par les impôts, les taxes et les contributions et pas par les cotisations.

14. Liquidation des droits à la retraite

Quand on « liquide sa retraite », on calcule ses droits à la retraite. C'est la phase préalable à la mise en paiement de la retraite.

15. Le plafond

Le plafond est la limite du salaire ou du revenu soumis à cotisations dans les régimes de retraite de base de la Sécurité sociale.

Les droits à retraite acquis en contrepartie du versement des cotisations sont aussi limités dans chaque régime au plafond applicable.

16. Pluripensionné

Une personne peut avoir, au cours de sa carrière, cotisé à plusieurs régimes de base du fait d'activités professionnelles aux statuts différents. Le pluripensionné a de ce fait droit à plusieurs pensions versées par des régimes de base différents.

CONCLUSION • Vous avez les bases nécessaires pour vous attaquer à votre problème de retraite, car nous avons tous, de 27 à 107 ans, un problème de retraite… que nous allons résoudre…

TROISIÈME PARTIE

À chacun sa retraite…

Chaque type de profession ou de statut professionnel a son propre régime de retraite de base et de retraite complémentaire. Il est important de savoir de quel régime vous dépendez et comment ils fonctionnent.

1/

Vous êtes salarié du privé

Comme près de 18 millions de personnes, soit 69 % de la population active.

Vous êtes donc :

Salariés cadres et non cadres de l'industrie, du commerce et des services, dirigeants salariés, et gérants minoritaires ou égalitaires de SARL, agents non titulaires de l'État ou des collectivités locales ou salariés agricoles.

Vous pourrez partir à quel âge ?

Tout dépend de votre année de naissance.

Depuis le 2 juillet 2012, le dispositif de départ à la retraite anticipée à 60 ans est étendu aux assurés justifiant de la durée d'assurance cotisée requise pour leur génération et ayant commencé à travailler avant 20 ans.

Si vous êtes né	Âge légal de départ	Âge de départ à taux plein
Avant le 1/07/51	60 ans	65 ans
1/07/51 à 31/12/51	60 ans et 4 mois	65 ans et 4 mois
1952	60 ans et 9 mois	65 ans et 9 mois
1953	61 ans et 2 mois	66 ans et 2 mois
1954	61 ans et 7 mois	66 ans et 7 mois
1955	62 ans	67 ans

Vous allez toucher combien ?

— Le minimum vieillesse, si vous n'avez pas travaillé/cotisé suffisamment longtemps et que vous disposez de ressources modestes : 9 325,98 € par an (777,17 € par mois) si vous êtes seul, 14 479,10 € par an (1 206,59 € par mois) pour un couple.

— Une retraite de base à taux plein, si vous avez cotisé la durée nécessaire, de 50 % sur la moyenne des salaires perçus pendant vos meilleures années, pris en compte dans la limite du plafond de la Sécurité sociale. Si vous ne justifiez pas de cette durée, vous subirez une décote par trimestre manquant.

— Une retraite complémentaire du régime auquel vous êtes affilié. Les régimes complémentaires Arrco, Agirc et Ircantec sont des régimes par points. Votre retraite complémentaire sera égale à la somme des points que vous avez accumulés multipliée par la valeur du point à votre départ. Ces régimes appliquent également des minorations pour trimestres manquants, sauf si vous bénéficiez déjà d'une retraite de base au taux plein.

Si vous mourez (sympa comme perspective non ?...)

— Votre conjoint ou conjointe reçoit une pension de réversion de 54 % de votre retraite de base s'il/elle a atteint 55 ans et ne dispose pas de ressources annuelles dépassant 2 080 fois le Smic horaire (soit 19 177,60 euros pour 2012).

— et de 50 à 60 % de votre retraite complémentaire. Pas de plafond de ressources pour les retraites complémentaires.

Quelles démarches devez-vous faire ?

— Suivre votre relevé individuel de situation dès 35 ans.

— Faire votre demande de retraite de base et de retraite complémentaire quand vous pouvez/voulez partir, après un rendez-vous avec la caisse de retraite de votre lieu de résidence et un rendez-vous dans un centre d'information des organismes de régime complémentaire à idéalement organiser quatre mois avant.

2/

Vous êtes fonctionnaire

Comme près de 5 millions de personnes soit 18 % de la population active.

Vous êtes donc :

Fonctionnaire civil de l'État, magistrat, militaire, membre du personnel des fonctions publiques territoriales et hospitalières.

Vous pourrez partir à quel âge ?

Tout dépend de l'emploi que vous occupiez et de votre année de naissance.

La règle générale est la suivante :

— Trente ans au moins de services dont quinze dans des services particuliers comme les égouts, vous pouvez partir dès 50 ans si vous êtes nés avant le 1er juillet 1961.

— Quinze ans de services au minimum dans un emploi classé dans la catégorie active, vous pouvez partir à 55 ans et progressivement à 57 ans.

— Deux ans de services civils et militaires éligibles pour la retraite, vous pouvez partir à 60 ans si vous êtes né avant le 1er juillet 1951, jusqu'à 62 ans, progressivement si vous êtes né avant le 1er janvier 1956, 62 ans ensuite.

Vous allez toucher combien ?

— La formule est la suivante :

Traitement indiciaire de base (montant forfaitaire qui dépend du dernier grade et de l'échelon du retraité) × taux de liquidation × coefficient de minoration ou de majoration.

— La retraite de la fonction publique à taux plein est de 75 % et nécessite la validation de 165 trimestres si vous atteint l'âge de 60 ans en 2013.

— Une retraite additionnelle, créée par la loi du 21 août 2003, calculée selon un système de points en fonction des cotisations acquittées sur les bases des rémunérations accessoires au traitement indiciaire (c'est-à-dire les primes, indemnités, avantages en nature… non soumis à cotisation).

— Une retraite minimum garantie en fonction du nombre de trimestres pris en compte pour le régime des retraites.

Si vous mourez

Votre conjoint ou conjointe reçoit une pension de réversion égale à 50 % de la pension que vous obtenez ou que vous auriez pu obtenir le jour du décès. Contrairement au régime général, aucun plafond de ressources n'est exigé pour obtenir cette pension.

Quelles démarches devez-vous faire ?

— Suivre le relevé de situation individuelle que vous recevez régulièrement.

— Vérifiez « l'estimation indicative globale » que vous recevez régulièrement à partir de 55 ans.

— Faites votre demande au moins six mois avant la date à laquelle vous avez décidé de partir à la retraite.

3/

Vous êtes chef d'exploitation ou d'entreprise agricole

Comme près de 500 000 personnes, soit 2 % de la population active.

Vous êtes donc :

Chef d'exploitation ou d'entreprise agricole, collaborateur d'exploitation ou d'entreprise agricole, aide familiale agricole, non-salariés.

Vous pourrez partir à quel âge ?

Au même âge que les salariés du secteur privé.

Vous allez toucher combien ?

1. Une retraite forfaitaire

Calculée selon la formule suivante : montant intégral de la retraite forfaitaire (3 316,69 euros au 1er avril 2012 en valeur annuel) × nombre d'années NSA (non-salarié agricole) à titre exclusif ou principal / durée d'assurance fixée en fonction de votre année de naissance.

2. Une retraite proportionnelle par points

Calculée en fonction du montant des revenus et dans la limite du plafond de la Sécu selon la formule suivante : nombre de points acquis × valeur de service du point à la date de liquidation des droits × (37,5/durée de référence).

Si vous mourez

Votre conjoint ou conjointe reçoit une pension de réversion égale à 54 % de la pension que vous percevez ou auriez pu percevoir en règle générale. Plafond de ressources : le même que pour les salariés du privé.

Quelles démarches devez-vous faire ?

— Gardez tous les documents nécessaires à la constitution d'un dossier (très important !!!).

— Prévoyez une demande quelques mois avant.

— Faites une seule demande auprès de l'organisme de retraite de votre choix, même si vous avez exercé des activités dans d'autres secteurs. C'est également valable pour la retraite complémentaire obligatoire.

4/

Vous êtes artisan ou commerçant

Vous êtes donc :

Artisan ou commerçant…

Vous pourrez partir à quel âge ?

Au même âge que les salariés du secteur privé.

Vous allez toucher combien ?

— Une retraite de base, similaire depuis 1973 à celle des salariés du privé et égale à : revenu annuel moyen × taux de liquidation × durée d'assurance après 1972/durée d'assurance maximale.

— Une retraite complémentaire, par points, dont le montant dépend du nombre de points acquis et de la valeur du point.

— Un minimum vieillesse dans les mêmes conditions que les salariés du secteur privé.

Si vous mourez

Votre conjoint ou conjointe recevra 54 % de la retraite de base que vous devez percevoir ou que vous perceviez sous conditions. Elle, ou il, bénéficiera aussi d'une part de votre retraite complémentaire égale, pour les artisans, à 60 % des points acquis lors de votre décès, sous conditions, et pour les commerçants une pension de réversion de 60 % des points acquis, toujours sous conditions. Plafond de ressources : le même que pour les salariés du privé.

Quelles démarches devez-vous effectuer ?

Il va falloir vous y prendre tôt : deux ans avant votre départ à la retraite. Vous devrez reconstituer avec votre caisse votre carrière. Si des périodes n'apparaissent pas dans le relevé de votre caisse, vous devrez les compléter avec des justificatifs. Donc, commencez dès maintenant à rassembler tous les documents nécessaires…

5/

Vous exercez une profession libérale

Vous êtes donc :

Une personne qui exerce une profession libérale…

Vous pourrez partir à quel âge ?

Au même âge que les salariés du secteur privé.

Vous allez toucher combien ?

— Une retraite de base, calculée selon trois paramètres : le nombre de points acquis, la valeur du point fixée par décret et le taux de liquidation variable en fonction de la durée d'assurance.

— Une retraite complémentaire, par points, différente selon les professions.

— Une allocation supplémentaire, dite avantage social vieillesse, pour les professions médicales et paramédicales conventionnées.

Si vous mourez

Votre conjoint ou conjointe recevra 54 % de la pension que vous devez percevoir ou que vous perceviez, sous conditions.

Quelles démarches devez-vous effectuer ?

Une large partie du travail de préparation de votre dossier retraite repose sur vous. Gardez dès maintenant vos décomptes de points de retraite.

Quand vous partirez, vous vous adresserez à la section professionnelle dont vous relevez, ou à la caisse de retraite dont relève votre dernière activité si vous avez exercé des activités à statuts différents. Plafond de ressources : le même que pour les salariés du privé.

CONCLUSION • **J'ai fait ici un petit résumé rapide des principales caractéristiques du système de retraite en fonction de votre activité. Si vous voulez une information plus complète et très détaillée, ce n'est pas le propos de ce livre, rendez-vous tout simplement sur le site www.info-retraite.fr. Vous trouverez facilement le régime dont vous dépendez en fonction de votre parcours professionnel en page d'accueil en cliquant sur « Retrouvez vos régimes de retraite ». Comme je vous l'ai déjà dit, ce site est une mine d'informations, particulièrement administratives. N'hésitez pas à vous en servir largement.**

QUI CONTACTER ?

L'ASSURANCE RETRAITE

Caisse nationale d'assurance vieillesse (CNAV), Caisses d'assurance retraite et de la santé au travail (CARSAT), Caisses générales de Sécurité sociale (CGSS)

Retrouvez les coordonnées de votre caisse régionale sur **www.lassuranceretraite.fr**

Les retraites des professions libérales

Caisse de retraite des notaires **www.crn.fr**
Caisse d'assurance vieillesse des officiers ministériels, officiers publics et des compagnies judiciaires **www.cavom.org**
Caisse autonome de retraite des médecins de France **www.carmf.fr**
Caisse autonome de retraite des chirurgiens-dentistes et des sages-femmes **www.carcdsf.fr**
Caisse d'assurance vieillesse des pharmaciens **www.cavp.fr**
La retraite des auxiliaires médicaux **www.carpimko.com**
Caisse autonome de retraites et de prévoyance des vétérinaires **www.carpv.fr**

Caisse d'allocation vieillesse des agents généraux et des mandataires non salariés d'assurance et de capitalisation **www.cavamac.fr**

Caisse d'assurance vieillesse des experts-comptables et des commissaires aux comptes **www.cavec.org**

Caisse interprofessionnelle de prévoyance et d'assurance vieillesse (architectes, agréés en architecture, ingénieurs, techniciens, géomètres, experts, conseils et professions assimilées…) **www.cipav-retraite.fr**

Caisse nationale d'assurance vieillesse des professions libérales **www.cnavpl.fr**

Caisse nationale des barreaux français **www.cnbf.fr**

Caisses de la mutualité sociale agricole (MSA)

Caisse centrale de la mutualité sociale agricole **www.msa.fr**

Caisses du régime social des indépendants (RSI)

www.rsi.fr

Institution de retraite complémentaire des agents non titulaires de l'État et des collectivités publiques (IRCANTEC)

www.irantec.fr ou **www.cdc.retraites.fr**

Caisses de retraite complémentaire des salariés du secteur privé

www.agirc-arrco.fr et **www.maretraitecomplementaire.fr**

Pour contacter un conseiller et préparer votre retraite complémentaire, appeler le : **0820 200 189*** (*0,09 euros la minute à partir d'un poste fixe) ; ce numéro n'est pas un serveur vocal. Enfin, vous pouvez également contacter directement la caisse de retraite complémentaire qui gère vos droits. Si vous n'en connaissez pas le nom, consultez le site : **agirc-arrco.fr/rubrique** : « Connaître votre caisse de retraite » en vous munissant de votre numéro de Sécurité sociale, ou encore l'annuaire des caisses de retraite.

LES RETRAITES DES FONCTIONNAIRES

Régime de retraite des fonctionnaires de l'État
www.pensions.bercy.gouv.fr

Régime de retraite des fonctionnaires territoriaux et hospitaliers :

Caisse nationale de retraite des agents des collectivités locales
www.cnracl.fr ou www.cdc.retraites.fr

Établissement de retraite additionnelle de la fonction publique www.rafp.fr

RÉGIMES DES SALARIÉS RELEVANT D'UNE ENTREPRISE OU D'UNE PROFESSION À STATUT PARTICULIER (régimes dits « spéciaux »)

Personnel des mines caisse des dépôts retraite des mines
www.retraitedesmines.fr

Fonds spécial des pensions des ouvriers des établissements industriels d'État www.fspoeie.fr **ou** www.cdc.retraites.fr

Institution de retraite complémentaire de l'enseignement et de la création www.racd-berru.org

Caisse de retraite et de prévoyance des clercs et employés de notaires
www.crpcen.fr

Personnels des industries électriques et gazières
CNIEG Caisse nationale de retraite des industries électriques et gazières www.cnieg.fr

Marins professionnels du commerce, de la pêche et de la plaisance
ENIM Établissement national des invalides de la marine www.enim.eu

Agents de la RATP

Caisse de retraites du personnel de la RATP **www.crpratp.fr**

Agents de la SNCF

Caisse de prévoyance et de retraite du personnel de la SNCF **www.cprpsncf.fr**

Agents titulaires de la Banque de France

Banque de France, Service des pensions 77431 Marne-la-Vallée Cedex 2 Tél. : 01 64 80 21 69

Personnel de la Comédie-Française (CRPCF)

Caisse de retraite du personnel de la Comédie-Française
Place Colette 75001 Paris Tél. : 01 44 58 14 14

Personnels de l'Opéra national de Paris

Caisse de retraite des personnels de l'Opéra national de Paris
73, bd Haussmann 75008 Paris Tél. : 01 47 42 72 08

Salariés du port autonome de Strasbourg

Port autonome de Strasbourg
25, rue de la Nuée-Bleue BP 407 R/2 67002 Strasbourg Cedex
Tél. : 03 88 21 74 09

Personnel navigant de l'aéronautique civile

CRPNPAC Caisse de retraite du personnel navigant professionnel de l'aviation civile **www.crpn.fr**

Membres des cultes

Caisse d'assurance vieillesse invalidité et maladie des cultes
www.cavimac.fr

(Source : GIP Info retraite)

LES QUATRE PILIERS D'UNE SOLUTION POUR VOTRE RETRAITE

On va sauver votre retraite. Sauver votre retraite, c'est simple. Très simple. Cela demande juste un peu de votre temps, un peu de discipline et un peu de réflexion.

On va tout de suite distinguer deux situations qui nécessitent des réflexions totalement différentes : vous êtes déjà retraité ou vous êtes dans la vie active. Il faudra également distinguer, pour les personnes actives, les différentes « classes d'âge ». En toute logique, la méthode à suivre pour un jeune couple d'actifs de 35 ans n'est pas la même que pour une personne active âgée de 50 ans ou 55 ans.

Intéressons-nous, pour commencer, au sauvetage de la retraite pour les actifs de tous âges.

Les quatre piliers d'une solution pour la retraite sont :

1. **La préparation**
2. **L'épargne**
3. **L'immobilier**
4. **L'in-dépendance**

QUATRIÈME PARTIE

La préparation

S'organiser, anticiper, planifier…

Ce qui est frappant quand on s'attaque au sujet de la retraite, c'est de constater à quel point une large partie de votre situation à la retraite est prévisible.

Vous pouvez dès aujourd'hui connaître approximativement la retraite que vous allez toucher. Il n'y aura pas de miracle. Au contraire. Vous avez toutes les chances de percevoir moins que ce que prévoient les sites d'évaluation de votre retraite future. Mon conseil ? Déterminer d'abord approximativement, grâce aux calculateurs de retraite, votre pension. Et appliquez une décote au montant que vous allez trouver. De 5 % si vous avez 55 ans à 50 % si vous avez 30 ans, car l'État ne pourra faire face à ses obligations.

C'est un bon exercice. Et c'est un choc salutaire.

Vous saurez dès aujourd'hui que vous allez toucher peu d'argent, beaucoup moins que ce que vous espériez et nettement moins que ce dont vous aurez besoin. C'est comme cela. N'attendez rien de la providence étatique, l'État-providence est en faillite. À force de vouloir aider tout le monde, on n'aide plus ceux qui en ont réellement besoin.

Quand vous aurez fait ce calcul, et que vous aurez appliqué ma décote, vous aurez besoin de quelques jours pour vous remettre. Prenez le temps qu'il faut. S'apercevoir qu'avec un revenu mensuel de 10 000 euros pour un ménage, on devra vivre avec 3 000 euros (à deux toujours) c'est un choc. Je vous comprends.

Après la phase de « deuil », il faudra vite passer à la phase de reconstruction.

Et, pour la retraite, la reconstruction, l'organisation, le sauvetage, la réussite passent obligatoirement par la planification.

Rien de bien compliqué mais un petit effort tout de même.

Comme le disait le magazine *Fortune* consacré à « *Retire rich* » (« Partez à la retraite riche ») : *Take control of your future* : prenez le contrôle de votre avenir. Planifier, c'est prendre le contrôle de sa retraite.

Planifier consiste à :

1. Estimer le montant de votre future retraite.

2. Estimer vos revenus éventuels hors pension et votre patrimoine à l'âge de la retraite.

3. Déterminer approximativement vos besoins à l'âge de la retraite.

4. Trouver un moyen pour combler le déficit entre vos revenus estimés et vos besoins estimés, s'il y en a un.

5. Ou concevoir la méthode qui vous permettra si vos besoins sont couverts de protéger et faire fructifier les revenus et le capital excédentaires afin de les transmettre.

1/

Estimez le montant de votre future retraite

La bonne nouvelle (il faut bien qu'il y en ait une), c'est qu'il est devenu très facile, depuis les dernières réformes, d'avoir des indications précises sur votre retraite future grâce aux informations sur votre carrière passée que vous êtes en droit de recevoir.

Depuis la mise en application de la loi du 21 août 2003, les trente-cinq organismes de retraite et les caisses de retraites complémentaires se sont regroupés dans un Groupement d'intérêt public pour l'information sur la retraite, le Gip Info retraite.

Il a une obligation d'information, renforcée depuis la réforme des retraites du 9 novembre 2010 :

1. dans les douze mois qui suivent votre entrée dans la vie active : envoi d'un document d'information sur le système français de retraite par répartition ;

2. à partir de 35 ans, et tous les 5 ans ensuite : envoi d'un RIS, un relevé individuel de situation, dans lequel vous trouverez le nombre de trimestres de cotisation ainsi que le montant des revenus ou rémunérations qui entrent dans le calcul de votre pension.

3. à partir de 45 ans, vous avez droit à un « entretien information retraite » avec un « coach retraite » qui vous permettra d'avoir une idée précise de votre situation et vous prodiguera quelques conseils.

Le RIS est un document essentiel et très complet. Toute votre vie professionnelle est sur ce papier – souvent l'occasion d'une réflexion de fond sur sa vie (d'où viens-je, où vais-je…) : vos différents emplois, vos rémunérations (limitées au plafond de la Sécu en cours lors de l'année en question), vos trimestres, avec une distinction entre votre retraite de base du régime général de Sécurité sociale et votre ou vos retraites complémentaires.

Prenez du temps pour étudier ce document en détail. C'est le seul moyen d'avoir la certitude que l'ensemble de vos revenus a été intégré et que le relevé de votre carrière est complet. S'il y a des oublis ou des erreurs, vous pourrez les corriger.

Consacrez impérativement le temps nécessaire à cet exercice. Et faites-le chaque année à partir de 45 ans… Un check-up annuel de retraite… Cela vous évitera des surprises et des pertes de temps dramatiques lors de votre départ à la retraite.

Cette phase est essentielle. Elle vous permet de maintenir un niveau d'information sur votre carrière et vos droits à la retraite et d'avoir les éléments pour faire les prévisions nécessaires.

OÙ TROUVER DE L'AIDE SUR INTERNET ?

www.marel.fr : le simulateur en ligne de référence pour déterminer votre âge de départ à taux plein ou le montant de votre pension. Ce site a été conçu par les principaux organismes de retraite.

www.la-retraite-en-clair.fr ou **www.mon-calcul-de-retraite.fr** par exemple. Ces sites fournissent des simulations et également beaucoup d'informations et de contenus sur la retraite.

Des sites de simulation simples et efficaces comme **www.fflash.harvest.fr**

Le site que je vous recommande toujours avec enthousiasme est le site **www.info-retraite.fr** du Groupement d'intérêt public Info retraite. Le GIP Info retraite regroupe tous les organismes de retraite. Ce site est complet, simple et exceptionnellement pratique. Vous y trouverez toutes les informations administratives utiles, votre régime de retraite, les démarches à effectuer pour préparer votre départ en retraite. N'oubliez pas de télécharger la dernière version du guide *Ma retraite, mode d'emploi.*

Quelques applications sur votre mobile comme « Inforetraite » du Cercle des épargnants, « Retraite Sécu » de la Caisse nationale assurance vieillesse, « Actu retraite » d'AG2R La Mondiale ou encore « Ipréfon » de Préfon retraite. Entre autres.

Et bien sûr, posez toutes vos questions retraite sur le site qui vous est consacré : **www.sauvezvotreretraite.com**. J'y répondrai personnellement.

2/

Estimez vos revenus et votre patrimoine futurs

C'est sur cette partie que nous allons devoir travailler ensemble, et elle fera l'objet d'un chapitre entier, celui de l'épargne.

La retraite de base et les retraites complémentaires ne suffiront pas à couvrir vos besoins. Il vous faudra vous constituer une épargne, un patrimoine qui vous garantira des revenus supplémentaires.

Mais si vous avez plus de 50 ans, vous pouvez déjà avoir une estimation assez fiable de votre patrimoine à l'âge de la retraite et de vos revenus complémentaires futurs. Sauf miracle, votre trajectoire professionnelle ne va pas s'améliorer brusquement et de façon spectaculaire. Et vous n'allez pas contracter à 55 ans un emprunt sur vingt-cinq ans pour acheter votre résidence principale… C'est un peu tard.

Après 50 ans, la messe est dite. Ou presque. Si vous ne possédez pas votre résidence principale, si vous n'avez pas de patrimoine immobilier ou financier, il va falloir vous faire à l'idée que vous devrez adapter votre niveau de vie à l'estimation de votre pension (à laquelle vous n'oublierez pas d'appliquer ma décote). Je sais que je suis un peu brutal mais je préfère vous dire la vérité. Ceux qui ne possèdent rien devront tout tenter pour se constituer une épargne, et c'est possible. Ceux qui possèdent leur résidence principale ont un parachute qui leur permettra d'amortir la chute. Et ceux qui ont un patrimoine au moins égal à la valeur d'une résidence principale dans la région dans laquelle ils souhaitent prendre leur retraite sont sauvés et devront s'attacher à le préserver tout en le faisant fructifier – on va travailler pour y parvenir ensemble.

Entre 30 et 50 ans, tout est jouable. Vous pouvez, non, vous devez vous constituer une épargne qui viendra compléter votre pension. Ce patrimoine générera le revenu nécessaire pour vous assurer la retraite que vous souhaitez, voire plus.

3/ Évaluez vos besoins à la retraite

C'est un exercice nécessaire. Il est assez théorique quand on a 30 ou 35 ans, il devient assez précis quand on a 50 ou 55 ans.

La question à laquelle vous devez répondre est simple : de combien, AU MINIMUM, aurez-vous besoin après votre départ à la retraite ? Au minimum. Le scénario du pire.

Les bonnes nouvelles : certains postes vont ou peuvent disparaître de votre budget minimum :
— Les enfants : à la guerre comme à la guerre ; il est largement temps qu'ils se débrouillent. Si vous êtes en version budget de combat, plus rien pour eux. Plus de frais de vie, de scolarité, et même, tant pis, de cadeaux spectaculaires. Hop ! Un gros poste en moins.

— Le budget logement : c'est *LE* cœur du sujet. Si vous possédez votre résidence principale, ou une résidence secondaire qui peut devenir une résidence principale ou dont le produit de la vente peut permettre d'acheter une résidence principale, c'est une énorme partie de votre budget qui saute. Il vous restera les charges, les taxes et les frais d'entretien. Si ce n'est pas le cas, il vous faut budgéter un loyer. Et, dans ce cas, trouvez un endroit où il fait bon vivre et où les loyers sont raisonnables.

— Et maintenant, levez-vous et que vous soyez croyant ou pas, remerciez le ciel : vous êtes en France. Dans les centaines de livres de conseil de préparation à la retraite pour les Américains, les principaux chapitres sont consacrés à la nécessité d'épargner pour faire face aux dépenses de santé proportionnellement à votre âge. Aux États-Unis, dans le budget « minimum » à prévoir, le poste « dépenses de santé » est effrayant. En France, dans votre budget minimum, le poste santé est de zéro ou presque. Vous pouvez avoir des dépenses de « confort » mais, quel que soit votre problème de santé, vous serez couvert.

Totalement si vous jouez le jeu de l'hôpital public par la Sécurité sociale. Vous vous en tirez bien.

Les postes qui vont augmenter sont liés à vos envies plus qu'à vos besoins. Bien-être, vacances, voyages, etc. Ceux-ci n'ont pas leur place dans un budget de « combat » mais peuvent avoir leur place dans un budget que vous considérez comme minimum avec un raisonnement en période de grande déprime du type : « Si je ne peux pas voyager une fois par an, si je ne peux pas aller une fois par mois au restaurant, à quoi ça sert de continuer… ? »

Prévoyez donc deux budgets.

Un budget de « survie ». Le budget minimum version « guerre ». Et un budget minimum version « survie agréable », sans exagérer quand même…

Cet exercice est passionnant à faire quel que soit votre âge. Au-delà de votre préparation à la retraite, il vous éclairera parfois, c'est ce qui m'est arrivé, sur vos besoins réels même quand vous êtes encore actif. Vous allez être surpris de voir que, dans la plupart des cas, un budget minimum « plaisir » est largement inférieur à votre budget actuel. Tant mieux. Car nous allons devoir épargner et donc couper sur vos dépenses actuelles.

4/

Faites votre bilan retraite

Allez. Un peu de courage.

Faites la soustraction suivante : montant estimé de votre pension – budget minimal à la retraite.

La situation idéale, vous l'avez compris, est que la pension que vous toucherez couvre intégralement votre budget de vie à la retraite. Ça, c'est le must. Si vous avez du patrimoine, des revenus en plus, ce sera autant de plaisirs que vous pourrez vous offrir ou autant d'argent que vous pourrez transmettre.

Si le calcul donne un déficit, il y a deux solutions :

— soit vous êtes suffisamment jeune et vous pouvez dès maintenant travailler à votre épargne pour générer un revenu complémentaire ;

— soit vous êtes trop proche de l'âge de la retraite et vous n'avez plus qu'à réviser votre budget de fonctionnement de retraité à la baisse car vous n'aurez pas de revenus complémentaires. Ce n'est pas marrant, mais c'est comme ça.

Cette phase de planification est essentielle.

Elle vous permettra, même si cela peut se révéler douloureux, de faire face à la réalité : combien je vais toucher, combien je veux dépenser, combien j'ai en plus (tant mieux, et comment je le protège) ou au contraire combien il me manque et comment, s'il n'est pas trop tard, je fais pour compenser la différence, voire pour dégager un solde largement positif.
Le simple fait de planifier vous permettra d'améliorer très sensiblement votre situation.

Vous avez TOUTES les facilités pour le faire. Tout est à votre disposition.

CINQUIÈME PARTIE

L'épargne

Nous y voilà.

Nous entrons dans le vif du sujet : l'épargne.

Dès lors qu'on sait, et vous le savez puisque vous avez lu le début de ce livre, que le système de retraite par répartition n'est viable qu'avec une réduction drastique des pensions futures, il faut, pour atteindre vos objectifs, même limités, de budget de fonctionnement à l'âge de la retraite, vous constituer un patrimoine.

Un patrimoine qui générera à la retraite des revenus complémentaires et permettra, grâce à sa liquidation progressive jusqu'à la fin de votre vie si vous ne souhaitez pas transmettre, de percevoir une « rente » supplémentaire.

Entendons-nous bien : je ne vous ferai aucune concession sur l'épargne. Le plus sûr moyen de sauver votre retraite, c'est de vous constituer une épargne au prix de sacrifices, si nécessaire, ET de la faire fructifier tout en la préservant.

Et c'est pour cela que le sauvetage de sa retraite commence dès le plus jeune âge… adulte. Pour sauver sa retraite, il va falloir vous intéresser au sujet dès

30 ans, 27 pour être exact (voir neuvième partie). Et ne me dites surtout pas : « À 30 ans ! Penser déjà à la retraite mais c'est déprimant ! » Non, justement. Consacrer une heure par mois ou par trimestre à 30 ou 35 ans pour penser à sa retraite est le meilleur moyen de ne pas avoir à y penser quand il sera trop tard ; c'est là que ce sera vraiment déprimant. Et n'oubliez pas que les trois règles de l'épargne sont : le temps, le temps et… le temps.

1/
Constituez une épargne

Choisissons une méthode radicale. Partons du principe que vous n'aurez pas de retraite par le système de répartition, ce qui sera partiellement vrai pour ceux qui sont âgés de moins de 35 ou 40 ans, et que votre retraite sera uniquement constituée par votre « capitalisation ». À l'américaine.

Voilà. C'est fait. Vous êtes tout seul. Plus d'État-providence (ruiné...). Vous devez économiser ce qui vous permettra de subvenir à vos besoins.

L'exercice est violent mais il a le mérite de vous permettre de vous constituer une épargne à la « dure », et pour cela il n'y a qu'une méthode qui repose sur deux principes simplissimes :

ÉCONOMISER

Dès aujourd'hui. Quel que soit votre âge. Et ne me dites pas : « La vie est trop courte, il faut en profiter. » Cette expression ne s'applique pas à une époque où on vit centenaires. « La vie est très longue, il faut économiser » : voilà la seule phrase que vous devez retenir. La vie est très longue, très très longue, et de plus en plus longue, et il faut donc ÉCONOMISER.

Action commando : tailler à la serpe dans vos dépenses. Réduire votre budget de fonctionnement. Dès aujourd'hui. Et quand vous aurez l'impression que vous avez fait le maximum, recommencez car, c'est sûr, il y a encore du gras à éliminer. Vous n'avez pas encore touché l'os, loin de là…

Bye bye dès maintenant à ceux qui veulent « profiter de la vie », « ici et maintenant », et ne pas faire de sacrifices. Soit ils sont nés riches, tant mieux pour eux, soit ils sont irresponsables et, dans les deux cas, ce livre leur est totalement inutile.

Dites-vous une chose au moment où vous serez, comme dans un régime, pris de découragement : votre sacrifice d'aujourd'hui, limité, est votre survie d'après-demain.

CONSTITUER UNE ÉPARGNE FORCÉE

Vous allez me rendre service, ou plutôt VOUS rendre service. Vous allez faire prélever tous les mois sur votre compte directement, pour ceux bien sûr qui ne sont pas déjà dans une situation précaire et tirent le diable par la queue, 10 % de votre revenu net imposable. 10 %, ce n'est rien. C'est ce que l'État peut décider de vous prendre l'année prochaine pour financer ses dépenses inutiles.

10 %. C'est mon tarif et il n'est pas négociable. Si vous pouvez faire plus, tant mieux. Si vous ne pouvez rien faire compte tenu de votre situation critique, j'en suis désolé. Mais pour les autres, 10 %. Prélevés mensuellement. Une noisette chaque mois. Votre réserve pour l'automne et l'hiver de votre vie. 10 %. Et, petit à petit, tentez de parvenir progressivement à un taux d'épargne de 15 %. 10 %, c'est le minimum non négociable ; 15 %, c'est l'objectif.

Ce que je vous demande n'est pas impossible car je vous rappelle que le taux d'épargne des ménages français tourne autour de 16 %.

On verra plus tard ce qu'il faudra faire de cette épargne. Mais dès maintenant appelez votre banque et demandez qu'elle vous fasse un prélèvement automatique de 10 %, approximativement pour ceux qui ont des revenus variables, de votre revenu net. Dites-lui que vous lui donnerez les coordonnées pour le transfert plus tard.

C'est fait ? Sûr ?

On peut continuer...

Maintenant, il va falloir faire le tour des produits d'épargne...

L'épargne retraite... Je déteste ce terme. Il ne veut rien dire et, pourtant, on le trouve dans tous les livres sur le sujet et dans tous les numéros spéciaux Retraite. À part quelques produits spécifiques destinés uniquement à la retraite et qui pour l'instant n'ont pas décollé, toute forme d'épargne peut être labellisée « retraite », à commencer par le placement favori des Français, l'assurance-vie…

Il n'y a pas d'« épargne retraite ». Il y a l'épargne, sous toutes ses formes, et cette épargne peut, en fonction de son utilisation, vous permettre de sauver votre retraite. Il faut néanmoins distinguer les produits « généraux » des produits spécifiquement conçus pour la retraite.

2/

Les produits généraux d'épargne utiles pour la retraite

L'ASSURANCE-VIE

C'est LE placement financier idéal en général, et pour la retraite en particulier. Il a été épargné dans le matraquage fiscal de 2013. Ce sera un des derniers bastions de la résistance à l'offensive fiscale du gouvernement et c'est encore, malgré la décollecte des derniers mois, le produit préféré des Français.

Là encore, aucune question à vous poser. Pour préparer votre retraite, vous devez ouvrir un contrat d'assurance-vie. Car l'assurance-vie n'est pas qu'un placement, c'est l'accès à une multitude de placements financiers dans le cadre d'une « enveloppe » fiscale.

L'assurance-vie, c'est votre filet à provisions, dans lequel vous pourrez mettre tous les placements/aliments qui correspondent à votre profil/régime. Un filet à provisions qui vous donne droit à un discount fiscal quand vous passerez à la caisse. Et l'assurance-vie est, comme chacun le sait, un formidable véhicule de transmission de patrimoine.

QUEL QUE SOIT VOTRE ÂGE, contractez une assurance-vie pour y loger une partie des 10/15 % de vos revenus mensuels.

Les cinq questions de l'assurance-vie « retraite » :

1. Où acheter un contrat d'assurances-vie ?

Sur Internet. Vous devez payer zéro droit d'entrée et zéro frais sur versement. Zéro. Un point c'est tout.

2. Quelle compagnie d'assurances choisir ?

Celle qui résistera à la prochaine crise des subprimes ou à la prochaine crise de l'euro. Une des grandes compagnies « *too big to fail* », c'est-à-dire des compagnies que le gouvernement ne pourra pas lâcher et nationalisera en cas de coup dur, ou des compagnies saines par leurs modes de fonctionnement comme certaines mutuelles.

3. Quelle est la fiscalité de l'assurance-vie ?

La fiscalité de l'assurance-vie est très attractive, à la fois en cas de vie (c'est-à-dire lorsque l'assuré fait des rachats partiels ou total de son contrat) et en cas de décès (sur les droits de succession).

En cas de vie :

Pendant la vie du contrat, les intérêts et produits (plus-values, dividendes) sont capitalisés hors imposition. En revanche, ils deviennent imposables dès que l'assuré effectue un rachat.

Un rachat est en fait un retrait des sommes investies sur le contrat. Un rachat « partiel » consiste à retirer une partie seulement de l'épargne disponible sur le contrat. Un rachat « total » consiste, comme son nom l'indique, à retirer la totalité de l'épargne disponible. Il entraîne donc la clôture définitive du contrat.

Il faut dans ce cas calculer la part des intérêts compris dans le rachat. Lorsque le rachat est total, il suffit de faire la différence entre les capitaux investis et les sommes récupérées. Quand le rachat est partiel, les produits imposables sont proportionnels aux sommes retirées. Par exemple, si un contrat est en gain de 100 % (le capital a doublé), un retrait se composera pour moitié de versement et pour moitié de gain. Seulement la moitié de ce rachat sera alors soumise à un taux d'imposition.

La part des intérêts compris dans un rachat est déterminée selon la formule suivante :

Produit imposable = montant du rachat partiel – (total des primes versées × montant du rachat partiel / valeur de rachat à la date du rachat partiel)

Une fois le produit imposable calculé, celui-ci est, au choix, soit à intégrer dans la déclaration des revenus, soit soumis au prélèvement forfaitaire libératoire. Ce prélèvement varie selon la date de retrait. En effet, il est de 35 % lorsque le retrait intervient dans les quatre premières années du contrat et de 15 % lorsque le retrait intervient de la cinquième à la huitième année. Au-delà de la huitième année, un régime spécifique est prévu. Les intérêts et les plus-values acquis sont taxés à 7,5 % (ou à l'IR) mais après déduction d'un abattement annuel fixé à 4 600 euros pour une personne seule et à 9 200 euros pour un couple. Lorsque le montant des gains est inférieur à cet abattement, aucune imposition n'est due au titre de l'impôt sur le revenu.

En revanche, dans tous les cas de figure, les prélèvements sociaux restent dus. En termes de prélèvements sociaux, une distinction est faite entre les fonds euros et les Unités de Compte. En effet, sur le fonds euros les contributions sont prélevées chaque année directement par l'assureur lors du versement des intérêts. À l'inverse, sur les UC, ces contributions ne sont acquittées que lors d'un retrait partiel ou total de l'épargne.

En cas de décès :

Les sommes présentes dans un contrat d'assurance-vie sont réputées n'avoir jamais fait partie du patrimoine. Elles sortent donc de la succession et subissent une fiscalité à part, très avantageuse.

En effet, les sommes versées aux bénéficiaires d'un contrat d'assurance-vie subissent généralement une taxation de 20 % mais après un abattement de 152 500 euros par bénéficiaire.

4. Quel contrat choisir ?

Un contrat multisupport. Car, dans un contrat multisupport, on peut mettre tout, y compris uniquement des fonds « euros ».

5. Quels fonds choisir dans son assurance-vie « retraite » ?

Il existe pour les principaux contrats d'assurance-vie de qualité disponibles sur Internet des centaines de fonds que vous pouvez loger dans votre contrat multisupport, votre enveloppe fiscale de retraite, et vous aurez vite fait de vous perdre dans les méandres de l'industrie financière des fonds... C'est souvent le but... On augmentera ainsi les chances de vous vendre un fonds « chargé », c'est-à-dire un fonds avec des commissions élevées de gestion ou, pis, des droits d'entrée. Ce qu'on n'a pas réussi à vous prendre sur le contrat d'assurance-vie, on le récupérera sur les fonds. Il faut donc au moment de la sélection des fonds, appliquer le même principe que pour la sélection des contrats d'assurance-vie : zéro droit d'entrée. Et des frais de gestion réduits. On y reviendra dans les études de cas en dernière partie du livre.

Une fois prises ces précautions indispensables, le choix des fonds dépend de votre profil de risque et de votre objectif d'épargne. Nous y reviendrons plus avant dans la partie essentielle « Quelle épargne pour quelle retraite ? » car à chaque personne ou presque correspond une sélection de fonds facile à identifier et à sélectionner.

À RETENIR : L'assurance-vie est, dès le plus jeune âge, le produit idéal d'épargne en général, et d'épargne retraite en particulier. Même si le gouvernement va chercher à rogner ses avantages dans l'avenir, il reste incontournable. Il faut cependant adapter son contrat d'assurance-vie à son âge et à sa stratégie globale de gestion de son épargne pour la retraite.

LES LIVRETS

L'argent s'est déversé sur les livrets depuis quelques années à un rythme historique. En période de crise, de peur, de panique, les livrets et en particulier le livret A ont été le choix privilégié par les ménages français. La collecte pour le livret A et les autres livrets défiscalisés a atteint un niveau record absolu ; plus de 20 milliards d'euros pour l'année 2012 ! On distingue deux catégories de livrets : les livrets défiscalisés et les « super-livrets ».

Les livrets défiscalisés

Le livret A

61,5 millions de livrets A pour 66 millions d'habitants : difficile de faire mieux ! Le nouveau chouchou du gouvernement. François Hollande avait fait du relèvement du plafond du livret A une promesse de campagne… qu'il a tenue. Dès le 1er octobre 2012, le plafond a été relevé de 25 % à 19 125 euros et il va être à nouveau relevé de 25 % en fin d'année. La décision de relever le plafond du livret A est une décision stupide car c'est déjà un produit populaire ; peu de livrets sont à leur niveau plafond ; l'argent des livrets A ne finance pas l'économie mais est stérilisé alors que l'économie manque de financement. Mais tant pis pour la France, tant mieux pour vous.

Depuis 2009, le livret A est distribué dans toutes les banques et plus seulement par les caisses d'épargne et la Banque postale.

Son taux est de 2,25 % depuis le 1er août 2011, date du dernier relèvement de 0,25 point.

Le livret de développement durable (ex-Codevi)

C'est un livret qui est réservé aux contribuables. Son taux est le même que celui du livret A. On peut en détenir deux par foyer au maximum. Il présente moins d'intérêt maintenant que le plafond du livret A a été relevé car son utilisation est conseillée quand on a atteint le plafond sur le livret A. Le plafond du LDD a été également relevé le 1er octobre 2012, de 6 000 à 12 000 euros

Le livret d'épargne populaire

C'est un produit d'épargne destiné aux contribuables les plus défavorisés qui peuvent en détenir un et un seul. La rémunération est supérieure à celle du livret et du LDD (2,75 %). Son plafond est de 7 700 euros et il faut avoir payé moins de 769 euros d'impôt en 2011 pour pouvoir en ouvrir un.

Les super-livrets

Les super-livrets sont des livrets à taux attractifs pendant une durée déterminée. Ce sont des livrets non réglementés qui ne bénéficient donc d'aucune incitation fiscale. Les intérêts perçus sont intégrés dans la fiscalité de votre revenu ; le prélèvement libératoire forfaitaire a été supprimé.

Comme je l'écris dans *Sauvez votre argent !* :

« Les super-livrets offrent des super-taux avec des super-publicités. Où est le super-piège ? En fait, il n'y en a pas vraiment. Le seul piège, c'est votre paresse éventuelle. Les banques qui font ces offres promotionnelles vous font ouvrir un compte en vous attirant avec un taux de placement très attractif sur une période courte, de 3 à

6 mois. Avec ces taux, elles perdent de l'argent. Mais elles comptent sur le fait que vous allez rester, par paresse ou par inattention. Au-delà de la période promotionnelle vous allez être rémunéré à un taux normal, voire inférieur à la normale, et le banquier va vous proposer d'autres placements financiers à marges plus élevées pour récupérer la perte qu'il a subie. Voilà la ruse. Rien de vraiment anormal. »

Les cinq questions « retraite » sur les livrets :

1. Les livrets sont ils utiles pour une épargne retraite ?

Oui, bien sûr. Ils sont indispensables. Mais ils ne devraient servir que de « variable d'ajustement » : ils doivent être le placement « complémentaire » par rapport à d'autres placements qui doivent vous apporter le rendement dont vous aurez besoin dans l'avenir et pas le placement principal autour duquel tourne toute votre stratégie d'épargne retraite.

2. À quel âge faut-il en ouvrir ?

Dès le plus jeune âge, en utilisant même le complément des livrets jeunes. Le livret, c'est l'équivalent de votre tirelire.

3. Faut-il utiliser les super-livrets ?

Dans le cadre d'une stratégie retraite, les super-livrets peuvent offrir une rémunération supplémentaire qui sera la bienvenue. Mais ils sont destinés aux épargnants les plus agiles et les mieux organisés car il est nécessaire de sauter d'un super-livret à l'autre dès que la période de super-taux « subventionnés » s'achève. N'oubliez pas que ces livrets sont fiscalisés, que les périodes de « zapping » vous font perdre quelques semaines, et cette stratégie n'est donc pas vraiment tenable dans le temps…

4. Les livrets réglementés sont-ils menacés par la fiscalité ?

Ils peuvent l'être si l'État a vraiment besoin d'argent. Il avait été évoqué par exemple la possibilité de taxer l'argent placé dans les livrets A au-dessus d'un certain seuil. Mais le livret A, et assimilés, sera le dernier touché en cas de réforme fiscale.

5. Quel est le rôle des livrets dans le cadre d'une épargne retraite ?

À tout âge, c'est le complément incontournable de votre épargne retraite. Il ne peut pas être l'élément essentiel de votre stratégie compte tenu de son faible rendement, mais il est indispensable. Inutile donc de conserver trop d'argent sur le livret A et les autres livrets lorsque vous êtes encore actif, cela n'est bon que pour votre banquier…

LE PEA

Le PEA, plan d'épargne actions, a été créé en 1992 pour inciter les Français qui n'aiment pas les actions ni la Bourse à investir dans les entreprises.

Son succès est tout relatif. On ne compte que 7 millions de PEA car les Français n'aiment pas la Bourse. On compte moins de 5 millions d'actionnaires en France, un nombre ridiculement bas comparé à celui de tous les autres pays développés. Et ce n'est pas l'ambiance actuelle anticapitaliste et anti-marchés financiers qui va changer la situation.

Le PEA est une enveloppe de placement. Un seul PEA par personne. Deux au maximum par foyer fiscal. Pas plus de 132 000 euros. Avantage fiscal : pas d'impôt sur les plus-values après cinq ans. On peut, à l'intérieur du PEA, acheter et vendre des actions ou des fonds éligibles au PEA et bénéficier tout de même de l'exonération si le plan est conservé cinq ans sans retrait.

En cas de retrait avant cinq ans, vous perdez les avantages du PEA et vous êtes imposé comme sur un compte titres classique avec une intégration des plus-values au barême progressif de l'impôt sur le revenu.

Les cinq questions « retraites » sur le PEA

1. Le PEA est-il utile pour une épargne retraite ?

Peut-être. Indispensable, sûrement pas. Mais utile, oui. Il apporte un complément intéressant à une stratégie patrimoniale de retraite mais uniquement pour la partie la plus « spéculative » de votre patrimoine ou pour y placer les titres de votre entreprise si vous êtes entrepreneur…

2. À quel âge faut-il ouvrir un PEA dans une approche retraite ?

On ne peut ouvrir un PEA qu'à partir de 18 ans. C'est un produit qui va être particulièrement utile dès que vous avez atteint des niveaux d'épargne relativement élevés et que vous avez déjà un contrat d'assurance-vie et traité votre problématique de résidence principale.

3. Faut-il gérer soi-même son PEA ?

Si vous êtes un mordu de Bourse, oui. Dans les autres cas, non. Vous devez confier la gestion de votre PEA à des spécialistes en vérifiant bien sûr leurs performances passées et les frais de gestion, ou, encore plus simple, en logeant dans votre PEA des fonds éligibles PEA qui correspondent au niveau de risque que vous souhaitez.

4. Le PEA est-il menacé par la fiscalité ?

Oui. Et il le sera en permanence. En France qui dit actions dit capitalisme, qui dit capitalisme dit réaction épidermique et fiscalité pénalisante. La seule évolution favorable du PEA serait un maintien de la fiscalité actuelle avec l'orientation des investissements logés dans le PEA vers les PME. Le sujet est en cours d'étude.

5. Quel est le rôle du PEA dans une épargne retraite ?

Marginal. C'est un des éléments qui permettent de chercher un rendement plus élevé sur votre épargne avec un niveau de risque plus élevé. Il sera donc à utiliser de façon contrôlée.

3/

Les produits spécifiques d'épargne retraite

LE PERP

Apparu avec la loi Fillon du 21 août 2003 sur la réforme des retraites, le Plan d'épargne retraite populaire a été créé pour permettre aux épargnants français de préparer leurs compléments futurs de revenus.

C'est un compte d'épargne sur lequel vous allez faire des versements qui vont fructifier et vous assurer un revenu régulier complémentaire à la retraite.

Toute personne, à l'exception des retraités, peut adhérer à un Plan d'épargne retraite populaire. Le PERP est ainsi accessible à toutes les catégories professionnelles, mais permet surtout aux salariés de bénéficier d'un régime complémentaire similaire à ceux dont jouissaient déjà les fonctionnaires et les indépendants.

Le particulier bénéficie d'un avantage dès l'entrée. En effet, les primes versées au cours d'une année sont déductibles de votre revenu imposable au titre de cette même année dans la double limite de :

- 10 % de vos revenus du travail de l'année précédente (ou de 10 % du plafond annuel de Sécurité sociale en cas de faible revenu ou d'absence de revenu) ;
- et de huit fois le plafond annuel de la Sécurité sociale de l'année n-1 (le PASS 2011 étant égal à 3 535 euros, en 2012 le maximum de versement déductible est de 28 280 euros).

Pendant le déroulement du plan, les sommes produisent des intérêts qui ne sont ni à déclarer dans la déclaration des revenus ni imposables au régime des plus-values. 90 % des PERP sont des contrats multisupports et sont disponibles chez les compagnies d'assurances (Le Conservateur, Generali, Apicil) ; ils fonctionnent comme des contrats d'assurance-vie (fonds euros, unités de compte, arbitrage, gestion profilée…). Il existe aussi des PERP à rente viagère différée qui calculent et garantissent au départ un certain niveau de rente qui va fructifier chaque année, et des PERP à points.

Mais, contrairement aux contrats d'assurance-vie, il n'y a pas de possibilité d'effectuer un quelconque retrait pendant la phase d'épargne sauf cas exceptionnel (invalidité, chômage, ou liquidation judiciaire). Vous ne pourrez profiter de votre effort d'épargne qu'à la retraite ou à 60 ans, et seulement sous forme de rente viagère. Toutefois, depuis la réforme des retraites de 2010, les détenteurs de PERP peuvent désormais récupérer 20 % maximum du capital acquis. lors de leur départ à la retraite.

La rente annuelle dépend bien sûr du capital constitué au terme du contrat, composé des sommes versées tout au long du contrat et des intérêts perçus sur ces sommes, mais également de l'espérance de vie de l'assuré calculée par l'assureur via une table de mortalité. Elle sera imposable à l'impôt sur le revenu, mais bénéficie quand même d'un abattement spécial de 10 % et d'un autre abattement de 20 %, après cumul avec les salaires, traitements et avantages en nature.

À RETENIR : Le PERP est un bide. Il se développe. Sans provoquer aucun enthousiasme. Il a connu un certain engouement les deux premières années après sa création et, en 2006, on comptait 2 millions de PERP ouverts. Mais depuis 2006, le nombre d'ouvertures a chuté et fin 2011, on compte 2,1 millions de PERP ouverts…

Il est « plombé » par deux inconvénients majeurs : l'impossibilité, sauf cas extrême, de toucher au capital avant l'âge de la retraite et la nécessité lors de la retraite de recevoir obligatoirement une rente et pas plus de 20 % du capital.

Oubliez le PERP pour les quelques années à venir. Il va sûrement être réformé un jour. Le jour où sa conception sera confiée à des hommes de marketing plutôt qu'à des hauts fonctionnaires, nous l'étudierons à nouveau.

LA PRÉFON

Créée en 1967, la Caisse nationale de prévoyance de la fonction publique, plus communément appelée Préfon, a pour objectif de remédier à la chute des revenus des fonctionnaires lors du passage à la retraite. Peuvent en bénéficier :

- tous les agents (titulaires ou non) de l'État, des collectivités locales et des établissements publics à caractère administratif, industriel ou commercial ;
- les anciens agents et les fonctionnaires hors cadre, ou détachés ;
- les conjoints des affiliés, ainsi que les veufs ou veuves de fonctionnaires ou assimilés.

La Préfon est un régime de retraite par capitalisation. Elle comprend treize niveaux de cotisations.

La cotisation versée est tout de suite convertie en points de retraite définitivement acquis au cotisant. La conversion varie selon deux paramètres : la classe de cotisations et l'âge atteint au moment où les cotisations sont versées. Plus le cotisant est jeune, plus il obtient de points pour une cotisation.

L'adhérent peut changer de niveau chaque année, suivant son évolution de carrière ou de revenus. Il est aussi libre d'interrompre à tout moment ses versements.

Au départ à la retraite, le compte des points accumulés est effectué. Le résultat obtenu est multiplié par la valeur de service du point.

L'avantage fiscal est identique à celui du PERP. Mais les sommes versées dans un PERP et dans la Préfon doivent toutes les deux être comprises dans le calcul du maximum déductible de l'impôt sur le revenu (10 % des revenus et huit fois le plafond annuel de la Sécurité sociale de l'année n-1).

Depuis que le PERP est ouvert à tous, de moins en moins de personnes souscrivent à la Préfon, ce qui rend les points très chers.

Mais l'intérêt de la Préfon par rapport au PERP est que le versement de la rente est plus souple : il commence en principe à 60 ans, mais vous pouvez l'anticiper à 50 ans ou le repousser à 70 ans. Dans le premier cas la rente est réduite de 40 % tandis que, dans le second cas, elle est majorée de 20 %.

À RETENIR : Même cause, même peine que le PERP. Aucune flexibilité et l'obligation de recevoir une rente. Et les avantages fiscaux, comme pour le PERP, ne sont pas suffisants pour emporter l'adhésion.
On ne touche pas. On attend la Préfon 2… ou 3…

L'ARTICLE 83

Un contrat article 83 propose, comme le PERP, des déductions fiscales en contrepartie d'une sortie en rente à la retraite. Mais il est souscrit dans le cadre de l'entreprise.

C'est un contrat d'assurance-vie, collectif, souscrit par une entreprise pour le compte de ses employés, et qui est régi par l'article 83 du Code général des impôts.

L'adhésion est obligatoire pour tous ses salariés ou une catégorie de salariés définie de façon objective (cadres, cadres dirigeants, employés, ouvriers, salariés bénéficiant d'une certaine ancienneté…).

Le taux de cotisation, c'est-à-dire les versements effectués pour le compte du salarié, est déterminé librement par l'entreprise. Il s'agit en fait d'un pourcentage du salaire ou d'un pourcentage d'une tranche (tranche A, tranche B, tranche C). Ces versements sont effectués via des primes soit par l'employeur seul, soit par l'employeur et le salarié dans des proportions qui varient selon les dispositions du contrat mis en place.

Les cotisations versées par le salarié sont déductibles de la rémunération annuelle brute, jusqu'à un seuil égal à 8 % de celle-ci dans la limite de huit fois le plafond annuel de la Sécurité sociale (PASS) de l'année n. Attention, les primes versées par l'entreprise sont à prendre en compte dans le total. Tous ces versements vont minorer la possibilité de déduction.

À noter que les versements effectués une année dans un contrat article 83 ne sont pas concernés par le même plafond que les versements effectués cette même année dans un PERP. En effet, le plafond de l'article 83 est de 8 fois le PASS de l'année n (et non de l'année n-1). Les versements dans ce contrat sont donc concernés par le même plafond que les versements dans un PERP l'année suivante.

À la sortie, la rente est imposée comme une pension de retraite. Elle est donc soumise à l'impôt sur le revenu, après abattement de 10 %, et aux prélèvements sociaux. S'ajoute aussi la cotisation maladie pour 1 %, prise sur les produits retraite financés par l'employeur.

L'épargne est placée sur le contrat comme dans une assurance-vie. Si le contrat est en euros, le capital est garanti comme dans une assurance-vie en euros. Mais si l'épargne est placée au sein d'un contrat multi-support, l'épargnant choisit différents supports sur lesquels il répartira le capital en fonction de son profil de risque.

À RETENIR : Encore une fois l'aspect rente obligatoire pénalise le produit. Mais... tous les produits dans lesquels l'entreprise « abonde », en versant des primes, doivent être regardés de près. C'est la bonne direction pour un pur produit retraite. À utiliser donc.

LE CONTRAT MADELIN

Créé par la loi Madelin de 1994, les contrats Madelin sont ouverts aux commerçants, artisans, gérants de sociétés de personnes et professions libérales. Ils sont également ouverts au conjoint collaborateur, mais à deux conditions. Celui-ci doit :

— participer à l'activité de l'entreprise sans toucher de rémunération ;

— ne pas avoir d'autre activité professionnelle, ou sous certaines conditions avoir une activité à temps partiel pour un autre employeur, pour une durée définie par décret.

Il existe quatre types de contrats Madelin permettant un certain nombre de garanties :

— les contrats de retraite Madelin ;

— les contrats de prévoyance Madelin (arrêt de travail, invalidité, décès) ;

— les contrats de mutuelle Madelin ;

— les contrats de garantie chômage ou de perte d'emploi Madelin.

L'objectif du contrat de retraite est, comme un PERP ou un contrat article 83, de pouvoir se constituer une retraite complémentaire, tout en bénéficiant de réductions d'impôt. En effet, les primes versées sur ce contrat sont admises en déduction du bénéfice imposable de l'année n. Il s'agit des revenus (y compris ceux exonérés) imputés des charges professionnelles.

Ces primes sont déductibles dans la limite de 10 % du bénéfice imposable, dans la limite de huit fois le plafond de la Sécurité sociale (PASS) de l'année n. Il s'agit donc du même plafond que les versements dans un contrat article 83 de l'année n et les versements dans un PERP de l'année n+1. Ce plafond est supérieur à celui du Plan d'épargne retraite populaire, et de l'article 83. En effet, il faut y ajouter 15 % de la fraction du bénéfice compris entre une et huit fois le PASS. Il s'agit là d'un des atouts principaux du contrat Madelin. Par contre, comme dans le contrat article 83, l'épargnant doit effectuer au minimum un versement annuel.

Une fois arrivé l'âge de départ à la retraite, il est possible de transformer le contrat Madelin retraite en rente. Cette rente peut être réversible en cas de décès au profit des conjoints survivants ou d'un bénéficiaire désigné si le contrat le permet. Il existe toutefois deux exceptions dans lesquelles le capital peut être racheté :

- cessation d'activité non salariée suite à un jugement de liquidation judiciaire ;
- invalidité de l'assuré de la 2e ou 3e catégorie de la Sécurité sociale (invalidité qui le rend incapable d'exercer une quelconque profession).

À RETENIR : Comme pour les autres produits retraite, le manque de flexibilité et l'obligation de recevoir une rente pénalisent les contrats Madelin en tant que produit d'épargne retraite. Mais les contrats Madelin apportent aux indépendants des solutions en terme de prévoyance, de mutuelle et d'assurance perte d'emploi. Ils ont donc intérêt à y souscrire, et tant mieux si cela leur apporte un petit plus pour la retraite…

LE PERCO

À l'instar de l'article 83, le Plan d'épargne retraite collectif permet aux salariés d'une entreprise de se constituer un complément de retraite avec l'aide de leur employeur. Son alimentation peut s'effectuer de trois manières :

— les versements volontaires : ils sont plafonnés au quart du revenu brut annuel perçu l'année précédente ;

— l'affectation de l'intéressement : les sommes distribuées au titre de l'intéressement peuvent venir alimenter le Perco et sont prises en compte pour l'appréciation du plafond annuel des versements volontaires ;

— l'affectation de la participation : les sommes distribuées au titre de la participation peuvent être affectées au Perco. Elle n'est pas prise en compte dans l'appréciation du plafond annuel de versement.

Les salariés peuvent dans certaines entreprises bénéficier en plus d'un abondement de l'employeur. Cet abondement est facultatif pour l'entreprise, et limité à 300 % du versement effectué par le salarié (versement volontaire ou intéressement) et 16 % du plafond annuel de la Sécurité sociale.

Ces différents versements vont permettre de se constituer un portefeuille de FCPE (fonds communs de placement d'entreprise), ou de valeurs mobilières émises par l'entreprise ou une entreprise du groupe.

Comme les autres produits d'épargne retraite, la sortie ne peut se faire qu'au moment du départ à la retraite. Par contre, aucun avantage fiscal n'est accordé lors des versements du salarié (sauf pour l'abondement de l'entreprise qui échappe à l'impôt sur le revenu).

Quel est l'intérêt alors de verser dans un Perco ? Les conditions de sortie sont en fait plus souples que pour les autres produits. Il existe plus de cas dans lesquels le salarié pourra débloquer son épargne retraite avant que celle-ci ne soit effective (exemple : acquisition de la résidence principale, surendettement, décès du conjoint…)

À RETENIR : Même si tout n'est pas parfait (toujours compliqué de toucher au capital avant la retraite), le Perco se rapproche plus d'un véritable produit d'épargne retraite de qualité. Il est plus flexible sur la sortie : celle-ci peut se faire en capital ou en rente viagère, et il existe plus de cas de liquidation avant la retraite, dont notamment l'acquisition de la résidence principale. J'AIME LE PERCO. À utiliser surtout si l'entreprise abonde généreusement le plan.

CONCLUSION • L'épargne est un pilier essentiel de votre retraite. Je vous ai donné un catalogue des produits généraux ou spécifiques d'épargne utiles, avec quelques commentaires plus tranchés et plus directs que ceux que vous lirez habituellement. Mais ce n'est pas suffisant. Un catalogue n'est utile que si on vous donne le mode d'emploi. Empiler les produits sans véritable réflexion générale et ligne directrice peut se révéler non seulement inutile, mais parfois contre-productif voire dangereux.

Un programme d'épargne retraite efficace doit être parfaitement adapté et personnalisé, en fonction d'éléments évidents comme votre âge – d'où découle naturellement votre distance à la retraite –, votre forme de revenus du travail et leur montant, ou encore l'étendue et la nature de votre patrimoine, mais aussi d'éléments plus difficiles à définir comme

votre profil de risque ou votre besoin de revenus. Et, élément fondamental, un programme d'épargne retraite dépendra aussi largement du fait de savoir si vous êtes déjà propriétaire d'un bien immobilier, que ce soit votre résidence principale ou pas.

Avant de parler de stratégies d'épargne pour votre retraite, il est donc important de traiter du pilier de l'immobilier.

SIXIÈME PARTIE

L'immobilier, clé de la retraite

L'immobilier est une des clés de la retraite.
C'est même la clé principale.
Si, à l'âge de votre départ à la retraite, vous êtes propriétaire d'un bien immobilier sans hypothèque, que ce soit votre résidence principale ou un bien dont la vente vous permet d'acheter une résidence principale pour votre retraite, vous êtes sauvé. Sauvé !
C'est aussi simple que cela. Injuste pour les jeunes et ceux qui ont « raté le coche » mais simple.
L'immobilier pour la retraite c'est : UN TOIT, UN CAPITAL ET UNE RENTE.

1/
Un toit

Si la France a été le seul pays dans lequel les prix de l'immobilier ont progressé depuis la crise de 2008, c'est que les Français qui en avaient les moyens se sont précipités pour acheter leur résidence principale. Par défiance pour les placements financiers, par défiance pour la capacité des politiques à gérer les finances de la France, et notamment le budget de la retraite, et par souci de ne pas se retrouver SDF à la retraite.

« Si le monde s'écroule, si les banques s'écroulent, si l'État s'écroule, je veux au moins avoir un toit… » Voilà ce qu'on a pu entendre de 2008 à 2012… Et même encore aujourd'hui.

La ruée vers le toit a provoqué une flambée spectaculaire de l'immobilier. Une flambée historique. Une hausse des prix totalement déconnectée de la croissance économique, de la progression des loyers ou de la progression des revenus et du pouvoir d'achat.

Posséder sa résidence principale lors de son départ à la retraite, sans crédit immobilier, permet d'éliminer un des postes principaux du budget : le loyer ou le remboursement de crédit. Et de se garantir contre le fait de se retrouver à la rue si votre propriétaire décide de reprendre son bien pour y habiter, même quand vous avez largement les moyens de payer le loyer. Et déménager à 75 ans, convaincre un nouveau propriétaire de vous louer un logement avec pour seule ressource votre pension n'est pas simple. Autant de traumatismes qu'il faut tenter d'éviter. Si vous le pouvez, bien sûr.

2/
Un capital

Posséder un bien immobilier, c'est évidemment posséder un capital.

Un capital que vous pouvez utiliser de différentes façons et qui peut être partiellement « liquide ».

Si vous avez un bien immobilier un peu plus grand que vos besoins à la retraite (plus d'enfants à charge, et des petits-enfants qui viennent un peu mais pas souvent) ou si vous avez un bien immobilier dans une localisation de type centre-ville qui correspondait à une vie active, vous pouvez le vendre pour acheter plus petit ou dans une localisation correspondant plus à votre nouveau mode de vie. Certains vont jusqu'au Maroc mais il suffit de vous éloigner de 20 kilomètres du centre-ville, dans un environnement plus calme, ou de choisir une ville plus petite, pour que le prix au mètre carré s'écroule.

Dès lors vous avez encore un toit à vous et vous récupérez un capital (différence entre le prix de vente de votre bien actuel et le prix d'achat d'un bien correspondant à votre vie de retraite) qui vous permettra de compléter votre pension.

3/
Une rente

C'est le vrai sujet pour une grande majorité de retraités qui possèdent un bien immobilier. Beaucoup de retraités qui possèdent leur résidence principale craignent cependant d'avoir un capital « qui ne rapporte rien » alors qu'ils ont des revenus insuffisants. C'est certes réconfortant et rassurant d'avoir une résidence principale d'une valeur de 200, 300, 400, 500 000 euros, voire beaucoup plus pour les heureux retraités de l'île de Ré… mais cela ne paie pas les courses au quotidien…

En fait, si.

Une résidence principale, c'est un capital. Mais c'est aussi une source de revenus.

Sans avoir ni à déménager ni à céder de son vivant.

Avec deux options :

LE VIAGER

Oui, je sais, le viager n'a pas la cote en France. Moins de 1 % des ventes sur l'immobilier. Le produit souffre d'un problème d'image : le pari sur sa propre mort n'est guère attirant. N'oublions pas le film de Pierre Tchernia avec Michel Serrault, *Le Viager*, qui a effrayé des générations d'investisseurs…

Mais le produit va devoir évoluer et même probablement changer de nom car il va devenir incontournable de trouver une solution pour créer une « rente » à partir de sa résidence principale.

Aujourd'hui, un viager, c'est la vente d'un bien le plus souvent occupé par son propriétaire contre un capital, appelé « bouquet », et le versement par l'acquéreur d'une rente pendant la durée de vie du ou des vendeurs.

Vous avez compris le principe : l'acheteur parie sur votre mort prochaine et vous, vous pariez que vous allez tenir le plus longtemps possible mais, surtout, vous touchez un capital, une rente à vie et vous gardez votre toit.

La valeur du bouquet et de la rente dépend évidemment du prix du marché sur lequel s'applique une décote selon le nombre de vendeurs (couple ou individu seul), le sexe (une femme vit plus longtemps qu'un homme) et l'âge du vendeur. La décote est, par exemple, d'environ 50 % pour une femme de 70 ans alors qu'elle sera de 43 % pour un homme du même âge et qu'elle sera seulement de 25 % pour un homme de 85 ans (source : seloger.com).

À RETENIR : Tel qu'il est conçu et proposé aujourd'hui, le viager progressera peu malgré ses avantages évidents pour les retraités. Mais il va évoluer. Vite. Très vite. Car on va être confronté à un nombre grandissant de seniors possédant leur résidence principale mais ayant des revenus insuffisants.

LE PRÊT VIAGER HYPOTHÉCAIRE

C'est pour moi, sans aucune hésitation, le produit incontournable de l'avenir.

L'inconvénient majeur du viager pour le vendeur, c'est qu'il ne transmettra rien même s'il meurt très peu de temps après sa vente. Imaginons que vous ayez vendu en viager un bien immobilier à 70 ans avec une décote de 43 % et que vous mouriez deux ans après. Vous aurez « perdu » la vie certes, mais votre bien aura aussi perdu environ 40 % de sa valeur : la décote n'aura été que très partiellement compensée par les quelques rentes mensuelles que vous aurez touchées, et c'est dommage pour vos héritiers.

Il existe un produit immobilier qui pallie cet inconvénient majeur. Le prêt viager hypothécaire. D'origine anglo-saxonne, le *reverse mortgage*, il est balbutiant en France alors qu'il est très répandu aux États-Unis et dans de nombreux pays européens.

Seul le Crédit foncier de France le commercialise en France. Selon le CFF, « il permet à toutes les personnes seniors d'obtenir des liquidités sur leur patrimoine immobilier tout en conservant la pleine propriété de leur bien ».

C'est donc un prêt garanti par une hypothèque sur un bien immobilier.

C'est un prêt sans paiement de mensualités.

Le prêt est versé à l'emprunteur sous forme de capital ou de versements périodiques.

Lorsque vous mourez, la banque se rembourse, capital plus intérêts. Si ce montant est inférieur à la valeur du bien à votre décès, la différence revient à vos héritiers ; s'il est supérieur c'est la banque qui supporte la différence.

Il faut avoir plus de 65 ans pour en bénéficier.

Aujourd'hui, ce produit fonctionne mal. Il est plombé par l'interdiction d'en faire la publicité ou la commercialisation par démarchage. Par le montant du prêt qui est très bas par rapport à la valeur du bien (il faut avoir plus de 95 ans pour passer largement la barre des 50 % de la valeur du bien en prêt !!!). Par des taux ultradissuasifs (autour de 10 %). Et enfin par des frais de montage de dossiers qui sont exorbitants.

À RETENIR : Le prêt viager hypothécaire est un produit d'avenir. Ce produit va évoluer.
Il doit évoluer.
Comme le viager.
Car il correspond à un besoin.

Votre résidence principale à la retraite constituera, que ce soit avec le « nouveau » viager, le « nouveau » prêt viager hypothécaire ou un produit que les banques ou compagnies d'assurances sont en train d'inventer, une source de rente.
Un toit, un capital, une rente.
L'immobilier c'est tout cela.

Alors j'en entends déjà qui hurlent ou qui se désespèrent :

— « Je suis locataire de ma résidence principale... mais j'ai une petite résidence secondaire » : aucune importance ; l'important, c'est d'avoir un bien immobilier dont la valeur peut correspondre et doit correspondre à la valeur du bien dans lequel vous vivrez votre retraite ;

— « Les prix sont trop élevés, j'ai de l'argent mais je ne peux pas acheter » : vous avez raison. Si vous avez loupé le coche (sans jeu de mots) de votre maison, attendez. Les prix de l'immobilier doivent baisser. Un peu. Pas beaucoup. Mais surtout, baissez vos prétentions. Plus petit. Moins central. Plus de « charme » et moins de « standing ».

— « Je suis locataire, j'ai l'âge de la retraite et je n'ai aucun bien immobilier, je me suicide ? » Évidemment non ! Si posséder un bien immobilier à la retraite est un atout majeur, ne pas en posséder n'est pas une catastrophe. Il faudra mieux travailler sur votre épargne pour couvrir en plus vos besoins futurs de loyers...

— Vous avez 60-65 ans. Vous avez eu la possibilité d'acheter mais vous avez choisi de faire moins de sacrifices et de profiter de la vie. Pas la peine de regretter. On ne peut pas revenir en arrière et même si vous le pouviez, vous feriez peut-être la même chose car vous avez vécu comme vous en aviez envie. Mais vous avez de la chance. Vous êtes la génération qui bénéficiera encore même s'il sera rogné, plus fiscalisé, du système de retraites de l'État-providence en faillite. Vous ne vivrez pas dans l'abondance. Mais vous ne serez pas à la rue. Aux États-Unis, vous seriez SDF. En France, vous êtes protégé.

Si vous avez un petit capital, faites au mieux pour le préserver et le faire fructifier pour vous assurer un petit complément de revenus et, bien évidemment, vous ne laisserez rien à vos descendants qui pourtant bossent pour payer votre pension…

CONCLUSION • Un toit, un capital, une rente. L'immobilier, c'est tout cela.

Posséder un bien immobilier est une obsession française. Le patrimoine des ménages français est de plus de 11 000 milliards d'euros, soit plus de six fois la dette française, dont plus de 6 000 milliards en immobilier.

Ce sont aujourd'hui les seniors qui possèdent en grande majorité leur résidence principale.

Il faut donc que les générations suivantes se constituent au plus vite une épargne, pour avoir un apport qui leur permettra de contracter un emprunt pour faire l'acquisition, en fonction des conditions du marché, de leur résidence principale ou d'un bien immobilier. Le remboursement du crédit correspond à une épargne forcée salutaire, surtout avec des taux aussi bas que ceux que nous connaissons actuellement. Attention cependant de ne pas acheter n'importe quoi à n'importe quel prix – c'est

évident mais mieux vaut le répéter –, et à ne pas s'endetter au-delà de ce que vous permettent vos revenus – mais là, l'avantage, c'est que les banques ne prêtent pas facilement et ne vous permettront donc pas de vous « surendetter », au contraire !

SEPTIÈME PARTIE

L'in-dépendance

L'in-dépendance est, après la préparation, l'épargne, l'immobilier, le quatrième pilier d'une retraite réussie.

Une révolution, le terme n'est pas trop fort, s'est produite dans le domaine de la retraite depuis une dizaine d'années. Les Français ont soudainement réalisé qu'ils vivraient plus longtemps que prévu, ils ont compris que, compte tenu de l'absence de courage des politiques, ils auraient à « tenir » plus longtemps en étant inactifs avec un âge de départ à la retraite stagnant ou en recul et une espérance de vie en explosion, et **ils ont donc soudainement troqué leur préoccupation de transmission pour une angoisse de dépendance**.

C'est un changement MAJEUR. Un basculement inimaginable il y a encore une décennie.

Au siècle dernier, les Français considéraient la transmission comme un devoir, une obligation. La richesse de la France, le patrimoine des ménages, ne vient-il pas d'ailleurs essentiellement de l'héritage, année après année, siècle après siècle ?

Puis le spectre de la dépendance est apparu.

La dépendance…

Un terme terrible qui reflète une réalité qui est encore pire.

1/ L'angoisse de la dépendance

Le joyeux soixante-huitard qui rêvait de mourir à 27 ans comme Janis Joplin ou Jimi Hendrix ou au plus tard, mais vraiment au plus tard, à 39 ans comme le « Che » ou à 40 ans comme John Lennon commence à comprendre qu'il a une forte chance de terminer en couche-culotte dans un mouroir où ses enfants, qui se débattent entre chômage, crise et problèmes financiers, l'auront déposé discrètement un dimanche soir après un week-end où ils en auront eu assez de le nourrir, de le laver et de le torcher.

On parle de retraite. Mais on ne parle pas assez de dépendance.

Si vous voulez sauver votre retraite, vous devez sauver votre in-dépendance. Ne jamais, jamais devenir dépendant. C'est un souci majeur des seniors.

Désolé d'être brutal, très brutal même. Mais les livres, les articles ou la publicité sur la retraite montrent toujours des grands-parents souriant avec des dents refaites et courant dans les champs en tenant leurs petits-enfants par la main. La réalité est tout autre. Et, une fois de plus, on est dans le déni.

Les gouvernements successifs se sont à peine attaqués au gouffre de la retraite que se profile déjà le cataclysme de la dépendance.

Laissez-les dans leur irresponsabilité.

Mais vous, vous devez y penser

Il faudra vingt ans pour que le réveil en France sur la retraite et la dépendance ait lieu. Si vous avez plus de 45 ans, vous ne pouvez pas attendre.

Quand on devient dépendant, le coût mensuel est au minimum de 2 300 euros par mois et de 3 000 euros en moyenne. Si vous ne l'avez pas prévu et si vous n'avez pas de quoi couvrir ce coût, vous ne pouvez pas espérer que vos enfants supporteront ce poids alors qu'ils auront du mal à assurer leur propre vie, leur propre retraite et qu'ils auront sûrement à charge des enfants qui entrent dans la vie active de plus en plus tard.

C'est à vous de vous occuper de vous. Pas à eux.

Dès lors, le choix est simple. Mieux vaut sacrifier, si nécessaire, la transmission pour garantir son indépendance. Mieux vaut terminer sa vie avec un compteur financier à zéro sans rien laisser à ses enfants ou petits-enfants mais en s'assurant de ne rien leur coûter jusqu'à votre dernier souffle.

2/
L'assurance dépendance

Penser retraite sans penser dépendance est une hérésie.

Vous devez contracter dès 45 ans une assurance dépendance.

Qu'est-ce que la dépendance ? Selon le site dépendance.com, elle se définit par l'état d'une personne âgée qui n'est plus autonome, soit physiquement, soit mentalement, et qui a besoin d'aide dans les actes de sa vie quotidienne.

Elle touche 1 million de personnes en France et progresse de façon exponentielle. 25 % des seniors seront un jour ou l'autre confrontés au problème de la dépendance, 40 % d'entre eux du fait de la maladie d'Alzheimer…

Le revenu moyen mensuel d'un retraité est de 1 200 euros, le coût mensuel de la dépendance est compris entre 1 500 et 3 000 euros et, si la dépendance nécessite une présence 24 heures sur 24, le coût peut s'envoler jusqu'à 5 000 euros ! Une assurance dépendance devrait donc être obligatoire…

L'assurance dépendance permet de se couvrir : pour couvrir les frais liés à l'assistance de la personne en état de dépendance, une rente mensuelle ou un capital est versé.

Attention ! Pour souscrire une assurance dépendance il faut remplir certaines conditions :

— être âgé de moins de 75 ans en général ;

— ne pas avoir de maladie extrêmement grave qui puisse justifier un refus d'adhésion ou, même dans le cas d'affections moins importantes, des surprimes substantielles.

Comme le précise par exemple le site de comparaison hyperassur.com, il est important de comparer les offres en fonction :

— des critères retenus par l'assureur pour déterminer l'état de dépendance ;

— des prestations ;

— de l'étendue de la couverture ;

— des services complémentaires proposés ;

— des clauses d'exclusion.

On peut également contracter des assurances dépendance partielle et non dépendance totale qui couvrent des situations plus larges.

Où trouver les meilleurs contrats d'assurance dépendance ?

Pour choisir son contrat d'assurance dépendance, il faut bien sûr regarder les tarifs et le type de prestations, mais ce ne sont pas les seuls critères qui définissent un bon contrat. Tout est à regarder : l'accessibilité (notamment les conditions d'âge et le délai de carence), les critères de détermination de la dépendance et le type de dépendance couverte (notamment la couverture de la dépendance partielle), la souplesse du contrat (revalorisation, augmentation des garanties…) et les garanties complémentaires d'assistance.

C'est un gros travail. Heureusement, il existe des sites Internet comparateurs qui vous mâchent le travail, comme www.hyperassur.com, www.notreassurance.com, www.assurance-et-dependance.fr ou encore le site des dossiers de l'épargne (http://assurance-dependance.les-dossiers.com)

Ces sites vous permettront de réaliser une présélection de trois ou quatre contrats qu'il vous faudra consulter en détail.

3/

L'alternative à l'assurance dépendance

Les contrats d'assurance dépendance permettent de se couvrir contre le risque de dépendance. Comme dans une assurance classique, l'assuré paie des primes qui lui permettront de bénéficier, s'il devient dépendant, d'un capital et/ou d'une rente versé par l'assureur. Le principal inconvénient de ce contrat est que les versements de l'assuré y sont faits à fonds perdus. Si l'assuré ne devient jamais dépendant, ce qui est une bonne nouvelle, les sommes payées l'auront été en vain, ce qui est une mauvaise nouvelle.

Il y a une alternative : les contrats d'assurance-vie avec une option dépendance.

Pour offrir une solution, moins frustrante pour l'assuré, certains assureurs ont créé au sein de leur contrat d'assurance-vie des options dépendance qui ont pour but de cumuler les avantages d'un contrat d'assurance dépendance avec ceux de l'assurance-vie. En effet, contrairement à la prévoyance, les versements effectués dans un contrat d'assurance vie avec option de dépendance ne se font pas à fonds perdus. Si la dépendance ne se révèle pas, le capital épargné reste la propriété de l'assuré. L'option qu'il a souscrite lui permet simplement d'obtenir des avantages (généralement, une rente plus élevée) en cas de dépendance.

La création de ce type d'options est relativement récente, et il existe peu de contrats sur le marché. Il faut dire que les assureurs sont finalement assez mal à l'aise avec les options de dépendance. En effet, le recul historique permettant de calculer les tables de fonctionnement (donc leur marge) est assez complexe. L'évolution des différents types de niveaux de dépendance se révèle très instable et ne permet pas de projeter les modèles dans le temps. Les clauses de dépendance et de carences ont de ce fait assez difficiles à mettre en place. Les assureurs ne s'intéressent la plupart du temps qu'au seul sujet de la dépendance totale mais ne traitent pas efficacement le large champ de la dépendance partielle ni de l'assistance au sein des contrats d'assurance-vie.

Néanmoins, on peut s'intéresser à certains contrats qui sortent du lot comme le contrat Actépargne 2 et son option rente dépendance de la France mutualiste. Il présente l'avantage de donner automatiquement l'option rente dépendance sans surcoût : les frais de gestion sont de 0,69 %, ce qui est très raisonnable. Actépargne 2 est un contrat multisupport classique qui offre tous les avantages de l'assurance-vie (épargne disponible, fiscalité douce au bout de huit ans, abattement sur les successions). L'assuré peut retirer son capital à tout moment. Mais s'il devient dépendant (reconnu comme appartenant aux groupes 1 à 4 de la grille nationale AGGIR[1]), il peut choisir de convertir son capital en rente certaine.

Il y a également le contrat Aviséo Autonomie de la MAAF. Les garanties en cas de dépendance sont très importantes, mais du coup les frais de gestion sont assez élevés (1,70 %). Les frais de versement sont également élevés (4 %) et des versements mensuels obligatoires jusqu'à 75 ans. Comme le contrat Actépargne 2, celui-ci offre tous les avantages de l'assurance-vie pendant la phase d'épargne, tant que la dépendance n'est pas avérée. Lorsque celle-ci est avérée, l'assuré perçoit un capital équipement égal à 20 % du capital garanti à 75 ans, plus une rente viagère annuelle de 20 % de ce capital. En cas de décès après la reconnaissance de l'état de dépendance, les bénéficiaires reçoivent la différence positive entre le capital acquis au jour de l'entrée en dépendance et les prestations déjà versées.

Et, pour finir, vous avez l'option dépendance du contrat Multéo de la GMF. La GMF est l'un des premiers assureurs à avoir créé une option dépendance à ses contrats d'assurance-vie, en novembre 2006. Cette option, disponible entre autres sur le contrat multisupport Multéo, n'est

1. La grille nationale Aggir (Autonomie, gérontologie, groupe iso-ressources) permet d'évaluer à l'aide de dix-sept critères le niveau de dépendance. Ces niveaux sont répartis en six groupes, dits « iso-ressources ».

destinée qu'aux assurés qui choisissent de sortir de leur contrat d'assurance-vie en rente viagère. Ainsi, tant que l'assuré n'a pas liquidé son contrat, il ne bénéficie d'aucune garantie contre la dépendance. S'il décide de sortir en rente, il peut souscrire à l'option dépendance, qui lui permet de doubler le montant de sa rente dès lors qu'un état de dépendance est avéré et reconnu par l'assureur. En contrepartie, s'il choisit cette option, l'assuré paye plus cher l'aliénation de son capital en rente. Alors que les frais classiques sont de 3 %, il paiera 6 % de son capital pour obtenir cette rente option dépendance.

À RETENIR : L'assurance-vie avec option dépendance n'en est qu'à ses balbutiements. Il faut suivre de près l'évolution de l'offre. Et si vous ne jugez pas l'offre actuelle satisfaisante, contentez-vous d'une assurance dépendance. Mais faites-le ! Dès que vous avez 45 ans ou plus.

CONCLUSION • L'in-dépendance doit être une de vos priorités, même si cela doit se faire au détriment de la transmission. Prenez une assurance dépendance. C'est une nécessité absolue.

HUITIÈME PARTIE

Quelle stratégie retraite pour quel âge ?

Vous savez que vous toucherez une retraite en baisse.

Vous connaissez vos besoins futurs.

Vous connaissez maintenant la panoplie de produits qui sont à votre disposition.

Vous devez donc chercher au plus vite à vous constituer et à gérer un patrimoine qui vous permettra de compenser la différence entre vos besoins et votre retraite, et même, au-delà, de vous protéger contre le risque de dépendance et, pourquoi pas, constituer un capital que vous pourrez transmettre à vos descendants.

Mais attention au sens des priorités ! D'abord la rente à la retraite, ensuite l'in-dépendance et enfin, si vous le pouvez, la transmission.

Et les logiques sont différentes en fonction des âges et des profils.

1/

Vous avez entre 27 ans et 37 ans : comment préparer votre retraite ?

Sans y penser.

Entre 27 et 37 ans, vous ne devez pas penser retraite.

Vous êtes trop jeune.

Vous devez penser épargne et immobilier.

Et en pensant épargne et immobilier, vous préparerez, sans même vous en rendre compte, votre retraite future.

Si vous avez entre 27 et 37 ans, il y a peu de chance que le système de répartition tel qu'il existe aujourd'hui vous procure une retraite quand vous partirez à la retraite… à 70 ans… Il faut donc vous constituer un capital.

Priorité donc :

1. Aux économies et à des budgets serrés

Je sais, ce n'est pas drôle, mais vous n'avez pas le choix. Privilégiez les plaisirs qui ne demandent pas des dépenses inconsidérées.

2. À l'épargne forcée

Prélèvement mensuel pour vous constituer une épargne.

L'objectif est de vous constituer un apport le plus rapidement possible. Un apport pour faire une acquisition immobilière. Votre résidence principale, idéalement. Vous avez de la chance : les prix de l'immobilier sont élevés et, quand vous aurez de quoi acheter, espérons qu'ils auront baissé suffisamment.

Pour placer votre épargne, afin de vous constituer un apport, privilégiez l'assurance-vie en épargnant 10 à 15 % de vos revenus. Toujours à 0 % de droit d'entrée et de commissions sur versements. Et une compagnie d'assurance-vie solide.

3. Au risque

Oui. Au risque. Vous devez constituer une épargne sur laquelle vous DEVEZ prendre des risques. Vous n'avez pas l'âge de jouer la sécurité. Il ne s'agit pas de jouer à la roulette mais d'avoir dans vos placements une part « risquée » relativement importante.

Dans votre contrat d'assurance-vie, vous devez avoir une part en fonds euros de 50 % et une part d'unités de comptes indexées sur les marchés boursiers ou autres marchés financiers de 50 %. C'est vrai, c'est risqué, vous pouvez perdre de l'argent sur cette partie un ou deux ans, mais, sur une longue période, c'est la partie qui va vous permettre d'augmenter votre rendement. Si vous ne prenez pas de risques à votre âge, vous n'en prendrez jamais…

Attention, bien évidemment, au timing et à ne pas faire « tapis » quand tout est déjà à des niveaux de records à la hausse, mais on en est loin. Attention aussi à bien sélectionner vos produits. En fonction de leurs performances passées sur plusieurs années, de la qualité des gérants et de l'établissement gestionnaire et des frais qui doivent être au plus bas.

2/

Vous avez entre 37 ans et 47 ans : comment préparer votre retraite ?

Vous êtes encore jeune. Très jeune. Et vous avez encore de longues années de travail devant vous.

À ce stade, vous devez avoir au moins constitué une épargne qui peut vous servir d'apport pour l'acquisition de votre résidence principale ou d'un bien immobilier. Si ce n'est pas le cas, faites ce que je conseille à ceux qui sont âgés de 27 à 37 ans. Vous avez un peu de « retard », mais ce n'est pas grave du tout.

Priorité donc :

1. À l'immobilier

N'achetez pas n'importe quand. N'importe où. À n'importe quel prix. Mieux vaut parfois attendre deux ou trois ans que se précipiter, surtout quand les prix sont au plus haut.

Mais dans cette phase l'acquisition d'un bien immobilier est votre priorité. Vous atteignez votre « plénitude salariale » et on vous prêtera facilement à 15 ou 20 ans. L'effort de remboursement de crédit dans cette tranche d'âge est la moins pesante, en théorie…

2. À l'épargne

Pour ceux qui ne peuvent pas acheter leur résidence principale ou pour ceux qui ont un excédent de revenu qu'ils peuvent épargner même après remboursement du crédit immobilier. Là encore, vous pouvez prendre des risques. Vous devez même en prendre car vous avez besoin de rendement. Assurance-vie donc, avec une part de fonds « à risque » de 30 à 50 %, éventuellement des SCPI éligibles assurance-vie.

3. À l'immobilier locatif

Vous pouvez également envisager, si vous le pouvez, des investissements dans de l'immobilier locatif. L'immobilier locatif n'est pas très rentable. Sa rentabilité est même souvent nulle car le loyer que vous touchez couvre à peine les impôts, taxes, frais d'entretien, risques de dégradation. Mais il a l'avantage de vous contraindre à épargner par le remboursement du crédit et de jouer la plus-value à très long terme. Et l'immobilier est, en plus, une formidable protection contre l'inflation.

L'IMMOBILIER LOCATIF

Acheter un bien immobilier pour le mettre en location : les Français ont un rapport passionnel à l'immobilier et ils considèrent l'immobilier locatif comme un moyen simple et efficace de se constituer un patrimoine, puis une rente.

Le véritable sujet de l'immobilier locatif, c'est la rentabilité réelle.

Le calcul « théorique » est simple : vous prenez le montant des loyers, vous déduisez les charges, les taxes et les impôts et vous ramenez tout cela à la valeur d'achat du bien augmentée des frais de notaire et des frais d'acquisition. Cette rentabilité est déjà relativement faible car la hausse des loyers n'a été qu'environ de 3 % depuis 1998 alors que le prix de l'immobilier a été multiplié par 2 ou 3. Mais, si on tient compte des frais annexes comme la réparation des dégâts causés par des locataires, le rafraîchissement régulier du bien et surtout les risques d'impayés, la rentabilité de l'immobilier locatif est souvent proche de zéro, voire négative. Dès lors, le seul intérêt de l'immobilier locatif n'est plus la rentabilité mais le potentiel de plus-value. Se pose aujourd'hui une question : compte tenu des prix actuels de l'immobilier, quel est le potentiel de plus-value ?

Reste l'immobilier locatif avec une incitation fiscale. Il était très intéressant jusqu'à mars 2013 avec des dispositifs comme le Scellier. Il a été massacré par les nouvelles lois fiscales et aujourd'hui seules subsistent quelques niches fiscales dont l'intérêt est de plus en plus limité et dont le prix d'achat tient déjà compte de l'avantage fiscal. Le dispositif Duflot, qui a remplacé le Scellier, présente peu ou pas d'intérêt :

18 % de réduction d'impôts étalés sur 9 ans, dans le plafond général des 10 000 euros, pour des biens situés dans des communes désignées et avec des loyers plafonnés… pas très excitant !

Les acquisitions de biens immobiliers neufs mis en location meublée, dans le cadre fiscal de loi Bouvard Censi ou de la LMNP, loueur en meublé non professionnel, dans des résidences de tourisme classées, des établissement de soins type EHPAD, des résidences étudiantes, des résidences d'affaires ou des résidences seniors labellisées peuvent encore présenter quelques avantages à condition de choisir correctement le bien et de s'assurer que le prix est aligné sur le marché.

3/

Vous avez entre 47 ans et 57 ans : comment préparer votre retraite ?

C'est une tranche d'âge cruciale pour la préparation de votre retraite.

Il vous reste encore du temps pour « rattraper » des erreurs de gestion de vos économies que vous auriez pu faire avant. Vous avez encore environ quinze à vingt ans de travail et donc de capacité d'épargne.

Priorité à :

1. L'indépendance

Dès maintenant contractez une assurance dépendance.

2. L'immobilier

À ce stade vous devez être en cours, avancé, de remboursement de votre crédit sur votre résidence principale ou sur un bien immobilier dont la vente peut vous permettre d'acquérir le logement que vous souhaiteriez avoir pour votre retraite.

Si ce n'est pas le cas, pas de panique, il faut se concentrer sur l'épargne.

3. L'épargne

Toujours. Sans surprise. Assurance-vie toujours. 30 % de fonds à risque. Pas plus, sauf si vous avez une épargne importante ; pas moins, car vous allez avoir besoin de rendements. Pourquoi pas, si vous avez de larges excédents par rapport à vos besoins futurs, un PEA avec des actions solides ou des fonds actions de qualité ?

4. L'épargne « retraite »

Pour l'instant, il y a peu de produits d'épargne dédiée retraites très excitants. Mais, si vous êtes employé, cherchez à épargner sur des produits retraites dans lesquels vous avez à la fois une incitation fiscale et un abondement de votre employeur comme le Perco.

5. L'immobilier locatif

À utiliser avec modération, comme dans la tranche d'âge précédente.

4/

Vous avez entre 57 ans et 67 ans : comment préparer votre retraite ?

C'est la « dernière ligne droite » professionnelle. C'est le moment de vous préparer vraiment, car la retraite c'est pour demain ou après-demain.

1. Priorité donc à :

La préparation de la retraite

Collecte d'informations sur votre vie professionnelle pour avoir des documents à jour lors de votre départ.

2. La réalité en face

C'est l'heure des comptes.

Sauf loto ou revente d'une entreprise ou héritage, les dés sont jetés et vous savez ce que vous toucherez ou pas à la retraite, votre patrimoine est constitué ou pas, et vous devez commencer à ajuster votre train de vie à vos revenus futurs. Mieux vaut faire cet exercice quand vous êtes encore actif plutôt que le lendemain de votre départ.

3. L'épargne

Et maintenant on va commencer à privilégier la sécurité. Tout en tentant de dégager une rente pour votre retraite future.

Place donc aux contrats d'assurance-vie encore, mais avec progressivement plus de 70 % de fonds en euros et le PEA toujours pour les excédents, mais seulement si vous avez des excédents importants.

4. L'immobilier locatif

Encore. Tant que vous avez un peu de capacité d'endettement. On ne vous prêtera pas à 25 ans mais à 10 ans, oui… Et vous devez à ce stade envisager uniquement l'immobilier locatif défiscalisé DE QUALITÉ, pas le produit défiscalisé attrape-nigaud…

5. L'in-dépendance

Si vous ne l'avez pas encore fait, ruez-vous vers une assurance dépendance.

6. Le rachat des trimestres de retraite

Vous pouvez racheter des trimestres de retraite pour compenser les périodes où vous n'avez pas ou peu cotisé, dans la limite de douze trimestres. Vous pouvez ainsi réduire ou annuler la décote que vous pourriez subir.

L'avantage est fiscal : les sommes versées pour racheter des trimestres sont déductibles, sans aucune limitation, de votre revenu imposable. Cette solution n'est évidemment valable que si vous n'avez pas un nombre de trimestres suffisants ou si vous envisagez de partir à la retraite avant l'âge du taux plein. Et elle n'est rentable que dans un nombre de cas relativement limités.

5/

Vous avez plus de 67 ans ou vous êtes déjà retraité : comment gérer votre retraite ?

Vous êtes déjà retraité.

Votre situation est bien évidemment totalement différente.

Cela mérite un chapitre rien que pour vous. Un chapitre : « Spécial retraités : attention danger !! »

NEUVIÈME PARTIE

Spécial retraités : attention danger !!

Vous êtes déjà à la retraite.

La bonne nouvelle, c'est que vous devriez échapper à l'écroulement du système. Vous êtes passé juste avant le cataclysme.

La mauvaise nouvelle, c'est qu'on vous jalouse pour cela et que vous allez être assiégé. On va tenter de reprendre une partie de ce qu'on vous a donné. Le gouvernement d'abord, qui va petit à petit accroître la pression fiscale sur vos revenus et votre capital. Mais, plus grave, les générations suivantes aussi, au sein même de votre famille peut-être.

1/
Comment gérer vos économies ?

Tout dépend de votre âge.

Il est clair que la situation d'un jeune retraité qui a peut-être vingt à trente ans d'espérance de vie devant lui, et celle d'un retraité senior de 85 ou 90 ans ne peuvent pas être traitées de la même façon.

Quel que soit votre âge cependant, la priorité, c'est la sécurité. La solidité de l'établissement ou des établissements dans lesquels sont vos économies doit être votre souci majeur. Ne vous laissez pas embarquer dans des offres alléchantes si vous avez un risque en matière de sécurité de la banque, de la compagnie d'assurances ou de la société de gestion.

En quoi votre situation est-elle différente ?

Sauf si vous continuez à exercer une profession ou à diriger une entreprise en plus de votre retraite, vos seuls revenus sont votre retraite et les revenus de votre patrimoine. Le sujet n'est donc plus d'épargner une partie de vos revenus du travail mais de faire fructifier votre patrimoine tout en le protégeant. Faire fructifier et protéger : trouver le juste équilibre entre risque et rendement.

Priorité donc à :

— la sécurité bien sûr, comme on vient de le voir en matière de choix des partenaires financiers ;

— un bon équilibre risque/ rentabilité. Si vous êtes un jeune retraité, vous devez prendre des risques. Des risques maîtrisés certes, mais des risques tout de même. Sauf à avoir accumulé un patrimoine important, il est probable que le rendement du livret A et même d'un fonds en euros d'un contrat d'assurance-vie ne suffise pas à couvrir vos besoins. Il va donc falloir accepter une dose de risque, notamment dans le cadre de votre ou de vos contrats d'assurance-vie. À 67 ans, vous devez encore avoir une part de fonds à « risque » dans vos contrats ;

— la tranquillité : même si vous devez accepter une part de risque, il faut la privilégier. Pas question pour vous, sauf si cela vous passionne, de suivre au jour le jour un portefeuille d'actions : privilégiez des fonds gérés par des professionnels. Pas question non plus de vous lancer dans des opérations d'immobilier locatif où vous devrez courir après des locataires récalcitrants : privilégiez des opérations « packagées », organisées, gérées par des professionnels, en restant vigilant sur des frais de gestion qui sont parfois supérieurs à la rentabilité.

La « panoplie » financière du retraité, c'est donc des contrats d'assurance-vie avec une part très largement majoritaire en fonds euros et des livrets défiscalisés pour garder un volant de liquidités. C'est, ensuite, pour ceux qui en ont les moyens, des choix un peu plus audacieux comme le PEA, ou plutôt de l'immobilier locatif très ciblé.

2/

Faut-il transmettre ?

Cette question peut vous surprendre ou vous choquer mais c'est une vraie question qui se pose aujourd'hui avec la baisse des revenus à la retraite et l'allongement de la durée de la vie.

La réponse est simple : si vous devez choisir, privilégiez l'indépendance à la transmission. C'est d'ailleurs le choix que vous faites dans tous les sondages d'intention des futurs retraités.

Si vous pouvez couvrir largement vos besoins jusqu'à votre décès, en prévoyant un décès le plus tardif possible (on est de moins en moins à l'abri d'une bonne nouvelle...), alors vous pouvez penser transmission.

Comment transmettre ? Voici les solutions les plus utilisées :

— Une donation de votre vivant

Cela reste, malgré le durcissement des règles en 2012, une excellente solution. Chaque parent peut transmettre à chacun de ses enfants 100 000 euros (contre 159 325 euros auparavant) tous les quinze ans (dix ans auparavant) en franchise totale de droits. L'abattement est de 31 865 euros pour les petits-enfants, 15 932 euros pour les frères et sœurs et 7 967 euros pour les neveux et nièces.

Au-delà de ces abattements, les droits de donation ou de succession sont les suivants :

Moins de 8 072 euros	5 %
De 8 072 euros à 12 109 euros	10 %
De 12 109 euros à 15 932 euros	15 %
De 15 932 euros à 552 224 euros	20 %
De 552 224 à 902 838 euros	30 %
De 902 838 euros à 1 805 677 euros	40 %
Au-dessus de 1 805 677 euros	45 %

La conclusion est simple : si vous êtes ABSOLUMENT sûr que vous n'aurez pas besoin de cet argent pour votre retraite et votre in-dépendance, commencez à transmettre de votre vivant le plus tôt possible pour éviter le matraquage de la succession.

— L'assurance-vie

Elle reste épargnée par le tsunami fiscal. Avec l'assurance-vie vous pouvez transmettre à votre décès, si vous avez versé votre capital sur votre contrat avant 70 ans, 152 500 euros à chacun de vos héritiers désignés, sans payer d'impôts. Au-delà de cette somme, vous devrez payer 20 % pour la tranche jusqu'à 902 838 euros et 25 % au-delà. Si vous avez plus de 70 ans, vous êtes exonéré de droits de succession dans la limite seulement de 30 500 euros et les intérêts ou les plus-values sur le capital. Dans tous les cas de figure, il n'y a pas de droits de succession pour le conjoint.

La conclusion est simple : l'assurance-vie est le meilleur instrument de transmission et il faut privilégier, si vous en avez les moyens, les versements avant 70 ans.

— La donation en nue-propriété

Le principe est de démembrer la propriété sur vos biens, immobiliers ou mobiliers, et de transmettre la nue-propriété à ses descendants. Le donateur en conserve l'usufruit jusqu'à son décès. Lors du décès, la pleine propriété revient aux nus-propriétaires sans avoir à payer de droits de succession. Lors de la transmission de la nue-propriété, des droits sont à acquitter mais ils sont réduits car ils ne portent que sur la nue-propriété et pas sur la pleine propriété, et plus le donateur est jeune et plus la valeur de la nue-propriété est faible et donc les droits limités. En dessous de 50 ans la base taxable n'est que de 40 % de la valeur du bien, 50 % en dessous de 60 ans, et 60 % en dessous de 70 ans.

La conclusion est simple : c'est une solution intéressante pour des patrimoines relativement élevés et pour des familles dans lesquelles les relations et les liens sont de plus en plus complexes avec les recompositions. Mais attention : une fois que vous avez cédé la nue-propriété de votre bien, vous devrez avoir l'accord du nu-propriétaire pour le vendre. Vous perdez une part non négligeable de votre pouvoir de décision.

L'EMPLOI DES SENIORS

Pas de doute, il va falloir travailler plus longtemps.

Par nécessité.

Ou par choix.

Mais il y a un écueil : l'emploi des seniors.

En France, le taux d'emploi des plus de 55 ans est un des plus faibles du monde.

L'emploi des jeunes est certes un problème majeur, d'une extrême urgence. Mais l'emploi des seniors va devenir rapidement un enjeu pour la retraite.

En France, le taux d'emploi n'est que de 41,4 % pour les 55/64 ans et de 5,3 % pour les 65/69 ans.

La bonne nouvelle, c'est que ces taux progressent. Ils n'étaient, respectivement, que de 30,7 % et 2,1 % il y a dix ans.

La mauvaise nouvelle, c'est que nous sommes à des années-lumière des principaux pays développés.

En Allemagne, le taux d'emploi des seniors est supérieur de 50 % à notre taux d'emploi.

Aux États-Unis et au Japon le taux d'emploi des 65-69 ans est d'environ un tiers contre 5,3 % seulement en France !!

Travailler plus longtemps, oui. Encore faut-il qu'il y ait du travail...

L'emploi des seniors doit être une priorité. Pour la retraite.

Mais également pour l'économie et la société car les seniors représentent une source fantastique d'énergie, de compétences et d'expérience pour les entreprises.

LE CUMUL EMPLOI RETRAITE

Partir à la retraite ne signifie pas forcément stopper toute activité professionnelle. Le dispositif de cumul emploi retraite permet en effet à un retraité de percevoir, en plus de sa pension de retraite, un revenu professionnel.

Le cumul emploi retraite est possible quel que soit le régime de retraite mais les conditions d'accès varient suivant le statut :

— Les salariés doivent avoir liquidé l'ensemble des retraites (de base et complémentaires), et bénéficier d'une retraite à taux plein. De plus, l'ensemble de ces revenus ne doit pas dépasser 160 % du Smic ou le salaire déclaré lors de la liquidation s'il est plus favorable. En cas de non respect de cette condition, la retraite de base est suspendue.

— Les fonctionnaires peuvent intégralement cumuler leur pension de retraite de base avec les revenus tirés de la reprise d'une activité dans la fonction publique à partir de l'âge légal minimum de départ à la retraite, s'ils bénéficient d'une retraite à taux plein, ou si leurs revenus d'activité ne dépassent pas un certain plafond (si la rémunération d'activité est supérieure à ce plafond, l'excédent est déduit du montant de la pension). Ce plafond est de 6 852,31 euros pour 2012. De plus, ils peuvent intégralement cumuler leur pension de retraite de base avec les revenus tirés de la reprise d'une activité dans le secteur privé, d'une activité artistique ou d'une profession libérale.

— Les exploitants agricoles partis à la retraite à taux plein peuvent reprendre sans condition une activité en tant que salariés agricoles, y compris sur leur ancienne exploitation. Ils peuvent également poursuivre ou reprendre une activité non salariée en tant que chef d'exploitation ou d'entreprise agricole mais celle-ci doit être assujettie par rapport à un temps de travail ou à un coefficient d'équivalence à la SMI (surface minimum d'installation) pour les productions hors sol. Pour ceux qui ne remplissent pas ces conditions, certaines dérogations sont toujours possibles. Il est par exemple possible de conserver une parcelle d'1/5 maximum de l'exploitation ou d'exercer une activité d'hébergement rural.

— Pour les professions libérales, les retraités peuvent cumuler leur retraite avec une nouvelle activité libérale si le revenu net issu de cette nouvelle activité est inférieur au plafond de la Sécurité sociale. Pour les artisans et les commerçants, cette limite est divisée par deux, sauf si l'entreprise qui emploie est implantée en zone de revitalisation rurale ou en zone urbaine sensible. Il faut également que le nouvel emploi ne soit pas dans le même champ d'activité. Par contre, les professions libérales, artisans et commerçants peuvent également reprendre une activité salariée sans limite de rémunération.

500 000 retraités travaillent tout en touchant leur pension. Un chiffre qui a presque triplé en six ans et la tendance devrait s'accélérer.

3/ Il faut protéger votre conjoint

Vous êtes en couple. Tant mieux pour vous.

C'est plus agréable de profiter de la retraite à deux que seul.

Mais vous allez un jour devoir partir et laisser votre conjoint seul. Partir pour de bon…

Me voilà encore à jouer les rabat-joie, désolé. Mais le sujet est important aussi.

Monsieur, compte tenu de la différence d'espérance de vie entre hommes et femmes, il y a plus de chances que vous laissiez votre conjointe seule… Mais tout est possible.

Alors préparez-vous, madame aussi.

Comment ? Pour protéger votre conjoint, il y a trois volets principaux : la succession, le logement et l'épargne.

1. LA SUCCESSION[1]

Une loi a modifié profondément les règles de succession relatives au conjoint survivant.

Celui-ci est désormais traité comme un véritable héritier sauf, bien entendu, s'il y a eu divorce ou séparation de corps. Mais cela ne signifie pas que le conjoint survivant héritera toujours de tout. Parfois, il héritera seul, parfois il sera en concours avec des membres de sa belle-famille.

Certaines personnes appelées héritiers réservataires (enfants et parents) limiteront ses droits. Plus que jamais, il est utile de se préoccuper de l'avenir et d'organiser la protection de son conjoint.

Les possibilités sont nombreuses et nécessitent une démarche active de votre part pour produire les effets souhaités.

• Si le défunt laisse des enfants nés de son union avec son conjoint survivant

Ce dernier recueille à son choix, soit l'usufruit des biens du défunt (c'est-à-dire le droit d'utiliser les biens ou d'en percevoir les revenus), soit la propriété du quart. Il est très important que le conjoint survivant exerce correctement son choix, car tout héritier pourra l'inviter à exercer son option. Faute d'avoir pris parti par écrit dans les trois mois de la demande de l'héritier, le conjoint survivant sera réputé avoir opté pour l'usufruit.

La solution est la même si le survivant décède lui-même avant d'avoir eu le temps de choisir. Les différences

1. (Source : Notaires de France)

entre usufruit et pleine propriété sont importantes mais une fois de plus il n'y a pas de bonne ou de mauvaise solution. Chaque cas est particulier. En conséquence, il faudra demander à son notaire d'analyser la situation avant toute prise de décision, en principe définitive.

L'usufruit appartenant au conjoint pourra être converti en rente viagère, s'il le souhaite ou si un héritier le demande. En cas de désaccord, le juge pourra être saisi aussi longtemps que le partage définitif n'est pas intervenu. Toutefois, l'accord du conjoint survivant sera toujours nécessaire pour convertir l'usufruit portant sur sa résidence principale ainsi que sur le mobilier le garnissant.

L'usufruit peut aussi être converti en un capital, mais toujours d'un commun accord entre conjoint survivant et héritiers.

• Si le défunt laisse d'autres enfants que ceux du couple

Le conjoint survivant n'a pas le choix et recueille la propriété du quart des biens du défunt.

• Si le défunt ne laisse pas d'enfant et qu'il a toujours ses père et mère

Le conjoint survivant recueille la moitié de ses biens, et les parents du défunt l'autre moitié, à raison d'un quart chacun.

• Si le défunt ne laisse que son père ou sa mère

Le conjoint survivant reçoit alors les trois quarts des biens, et le père ou la mère du défunt le quart restant. Dans tous les cas, le défunt pourra avoir réduit ou supprimé les droits du conjoint survivant par testament.

• **Si le défunt n'a ni enfant, ni petit-enfant, ni père ni mère**

Le conjoint survivant hérite de tout, à l'exception toutefois des biens que le défunt avait reçus par donation ou succession de ses parents.

La moitié de ces biens reviendra aux frères et sœurs du défunt ou à leurs enfants ou petits-enfants. Dans cette situation (absence de descendant et d'ascendant), le défunt ne pourra pas avoir supprimé totalement les droits du conjoint survivant car la loi lui réserve au minimum un quart de la succession.

Dans le cas d'un mariage sous le régime de la séparation de biens, à votre décès, votre conjoint n'a aucun droit sur votre patrimoine. Et vice versa si c'est votre conjoint qui meurt. Il faut donc l'anticiper et prévoir de votre vivant une clause de donation entre époux ou une clause de préciput qui permet, dans le cadre d'un contrat de mariage, que le conjoint survivant recueille un ou plusieurs biens ou une somme d'argent prédéfinie.

À RETENIR : La meilleure protection que vous pouvez apporter à votre conjoint, c'est d'adopter le régime de la communauté universelle. Lors du décès, le survivant récupère, sans discussion, la moitié des biens de la communauté plus sa part dans la succession. Vous pouvez même aller plus loin avec une clause d'attribution intégrale par laquelle le survivant reçoit l'intégralité des biens. Mais c'est évidemment aux dépens des enfants… Surtout dans le cas des familles recomposées…

2. LE LOGEMENT

Votre mari meurt et crac… vous avez peur d'être mise à la porte de votre logement. Même situation, moins fréquente pour vous, monsieur.

Ce n'est pas tout à fait aussi grave…

Dans tous les cas, le conjoint survivant a droit à la jouissance gratuite du logement occupé à titre de résidence principale et du mobilier le garnissant pendant un an à compter du décès.

Si le conjoint survivant est locataire de ce logement, les loyers sont à la charge de la succession, c'est-à-dire des autres héritiers.

Par ailleurs, sauf volonté contraire du défunt exprimée dans un testament notarié, le conjoint survivant a, jusqu'à son décès, un droit d'habitation sur le logement occupé à titre de résidence principale dépendant de la succession ainsi qu'un droit d'usage sur le mobilier le garnissant.

Pour en bénéficier, il doit se manifester dans l'année du décès. Il est très important de consulter rapidement son notaire pour préserver ses droits. Il peut alors être dressé un inventaire des meubles et un état de l'immeuble pour éviter les contestations ultérieures.

Exceptionnellement, si le logement n'est plus adapté à ses besoins, le conjoint survivant peut le louer à un usage autre que commercial ou agricole afin de dégager les ressources nécessaires à une autre solution d'hébergement (maison de retraite par exemple). Ce droit d'usage et d'habitation vient en déduction de la part de succession recueillie par le conjoint survivant. Si la valeur de ce droit est inférieure à sa part de succession, il a droit à un complément. Dans le cas contraire, le conjoint survivant en conserve tout le bénéfice et ne doit rien aux autres héritiers. D'un commun accord, le conjoint survivant et les autres héritiers peuvent convertir ce droit en une rente viagère ou en un capital.

D'autre part, la loi donne la préférence au conjoint survivant pour l'attribution du logement et des meubles le garnissant, lors du partage de la succession. Des délais de paiement peuvent lui être accordés si, à l'occasion de ce partage, il doit une somme d'argent (soulte) aux autres héritiers.

Enfin, le conjoint survivant peut réclamer une pension aux héritiers, en principe dans l'année du décès, s'il est dans le besoin.

À RETENIR : Vous êtes relativement bien protégé en matière de logement mais il vaut mieux, encore une fois, anticiper et vous organiser, avec votre notaire, un partenaire essentiel pour ces sujets, pour le partage des biens immobiliers au décès d'un des conjoints. Franchement, le plus simple, c'est que vous mouriez les deux ensemble (je plaisante… détendez-vous…).

3. L'ÉPARGNE

Eh oui… Encore…

Mais c'est quand même aussi un bon moyen de protéger votre conjoint.

Toujours la même solution : l'assurance-vie. En inscrivant votre conjoint comme bénéficiaire.

CONCLUSION • Prévoir, prévoir, prévoir. Même le pire. Organiser. Communiquer. Expliquer à votre conjoint. Combien de conjoints, en majorité des femmes, se trouvent désemparés lors d'une disparition brutale (une disparition est toujours brutale...) et ne connaissent rien ou presque rien de la situation financière et successorale. Madame (monsieur aussi dans certains cas...), exigez que votre conjoint vous explique la situation et prépare un dossier dans lequel il vous laisse tous les éléments d'information nécessaires. Un peu comme dans une location quand on vous donne le numéro du jardinier, du plombier, de la concierge et surtout l'emplacement de l'armoire électrique. Quand un fusible saute, vous ne vous retrouvez pas dans le noir pendant des heures. Quand votre conjoint disparaît, l'idée est de ne pas rester dans le noir très longtemps : entendons-nous bien, vous pouvez porter le deuil aussi longtemps que vous le voulez, mais votre situation sera plus claire... Et si vous voulez être tout à fait tranquille, faites un testament devant notaire...

4/

Guerre des générations : comment vous protéger ?

Vous n'êtes pas Liliane Bettencourt. Mais tout de même…

Votre patrimoine peut faire l'objet de convoitises au sein de votre propre famille.

Rappelez-vous que les générations suivantes risquent de voir leurs retraites fondre ou exploser et que, compte tenu du contexte économique, épargner en période de baisse du pouvoir d'achat, ou acquérir un bien immobilier avec des prix élevés est difficile, voire impossible. Pour beaucoup, le seul espoir, c'est un héritage ou la mainmise sur votre patrimoine.

Je préfère noircir le tableau pour vous alerter d'un risque, même si ce risque a peu de chance de se transformer en réalité. Je suis certain que votre famille est bienveillante et que vous êtes aimé et chéri. Mais peut-être que demain vous deviendrez un poids, surtout si vous êtes dépendant, et les sentiments à votre égard pourraient changer.

Accusez-moi d'être cynique ou d'avoir une image glauque, voire sordide, de la relation entre les générations mais je préconise le « principe de précaution »...

Voici donc quelques conseils pour vous éviter de vous retrouver dans une situation à la Bettencourt...

Quels sont les dispositifs prévus pour les seniors dont les facultés sont altérées ? (source www.tutelle-curatelle.com)

1. La sauvegarde de justice

C'est la version la plus « light ». C'est une mesure temporaire qui ne peut excéder un an et qui est renouvelable une fois. Elle peut être demandée par une personne vous portant « intérêt » (famille, entourage ou médecin) mais également par vous-même.

Sous sauvegarde de justice, vous pouvez accomplir tous les actes de la vie civile, même vendre ou donner vos biens, à l'exception des actes confiés au mandataire s'il a été désigné par le juge des tutelles.

Vous pourrez librement conclure un contrat de travail, faire votre testament ou une donation, vous marier, conserver tous vos droits civiques.

2. La curatelle

Ça se gâte... Quand la sauvegarde de justice n'est pas suffisante, la curatelle peut être demandée par vous-même, un membre de votre famille, une personne proche, et elle est prononcée par le juge des tutelles du tribunal d'instance.

Une curatelle peut être prononcée si vos facultés mentales sont altérées, si vous êtes victime d'une infirmité ou d'un affaiblissement dû à l'âge, si vos capacités corporelles sont altérées. Même si l'altération doit être médicalement établie par un médecin spécialiste, la marge d'un jugement subjectif est assez large… Il y a trois formes de curatelle : la simple qui vous permet de gérer vos biens tout en étant assisté par un curateur pour vos actes de la vie civile ; l'« aménagée » qui donne plus de pouvoir au curateur en fonction des besoins ; la « renforcée » qui permettra au curateur de percevoir vos revenus et de régler vos dépenses…

3. La tutelle

C'est la totale… C'est le régime le plus lourd et le plus contraignant, tant dans la mise en place que dans l'assistance de la personne dont les facultés mentales ou corporelles sont gravement altérées. Elle peut être demandée par les mêmes personnes que la curatelle. Et la tutelle peut être avec conseil de famille, sans conseil de famille (le juge nomme votre représentant légal), ou confiée à un professionnel, un tuteur inscrit sur la liste établie par le préfet.

Comment vous protéger par avance contre une mesure de protection que vous n'aurez pas choisie ?

Heureusement, vous avez le moyen de vous organiser avant qu'il ne soit trop tard avec le mandat de protection future.

Si vous craignez un jour de ne plus pouvoir gérer votre patrimoine, vous pouvez désigner à l'avance la ou les personnes qui seront en charge de votre patrimoine et éventuellement de votre personne quand vous ne pourrez plus le faire seul. C'est un contrat libre. C'est à vous de définir l'étendue des pouvoirs du ou des mandataires. Il peut s'exercer à titre gratuit, mais une rémunération ou une indemnisation peut être prévue.

Le mandat de protection future peut être notarié, établi par acte authentique et signé par vous-même, le ou les mandataires et le notaire, ou sous seing privé.

Vous êtes protégé car vous pouvez saisir le juge des tutelles si vous contestez la mise en œuvre ou les conditions d'exécution du mandat de protection future.

Si vous faites l'objet d'une mesure de tutelle et voulez y opposer

— Lorsqu'il y a ouverture de la mise sous tutelle : vous pouvez faire appel à la décision d'ouverture de la tutelle auprès du greffe du tribunal par lettre recommandée AR dans les quinze jours suivant la notification du jugement.

— Cessation et mainlevée de la tutelle : lorsque la mesure de curatelle ou de tutelle est en place et que vous pensez qu'elle n'est plus nécessaire, vous pouvez demander sa cessation. C'est le juge qui décidera au terme de l'instruction

— Si le juge refuse de mettre fin à la tutelle : vos parents et vos proches peuvent également faire appel de cette décision.

CONCLUSION • Voilà. Vous savez tout ou presque. Le sujet n'est pas plaisant. Mais mieux vaut tout prévoir que de pratiquer la politique de l'autruche. Faites donc vos choix tant que vous êtes en bonne santé.

Vous êtes retraité. Attention danger : vous allez être une cible privilégiée. Protégez-vous.

CONCLUSION

Vous êtes un cas...

Cas n° 1 (Perco) : M. et Mme Young

M. Karim Young a 53 ans.

Mme Nisa Young a 52 ans.

Karim travaille dans une société informatique internationale. Il dirige les équipes de ventes en France.

Nisa est directrice des ressources humaines dans un groupe de distribution spécialisée français.

Ils ont deux enfants. Gregory, 25 ans, vit à Londres et est indépendant financièrement. Sarah, 23 ans, finit ses études dans une école de commerce en France.

Karim et Nisa sont propriétaires de leur résidence principale à Lille.

Salaire annuel du couple : 190 000 euros.

Charges réelles du couple : 145 000 euros.

Leur maison de Lille vaut 850 000 euros et il leur reste un crédit de 300 000 euros sur dix ans.

Ils ont deux livrets A avec un total de 35 000 euros. Ils ont peur de la Bourse…

• Diagnostic

Ils sont toujours en phase de capitalisation. Leur objectif doit être de faire grossir leur patrimoine pour pouvoir un jour s'en servir et générer du revenu complémentaire. Ils ont une forte capacité d'épargne, et donc d'endettement. Ils ont encore le temps d'emprunter, et donc de profiter de l'effet de levier du crédit. Ils travaillent tous les deux dans de grands groupes et ont accès à de l'épargne entreprise. C'est un bon moyen de percevoir des abondements de l'employeur sans fiscalité.

• Préconisation

Leur capacité d'épargne mensuelle est de 3 750 euros. Ils vont la diviser en trois et pourront, au fil du temps, l'aménager.

Ils vont tous les deux ouvrir un contrat d'assurance-vie avec 50 % en fonds en euros et 50 % en fonds patrimoniaux. Ils verseront 500 euros par mois chacun sur ce contrat. En dix ans, les contrats pourraient atteindre environ 75 000 euros. Ils pourront ainsi, en cas de besoin, effectuer des rachats partiels faiblement fiscalisés.

Il faut qu'ils profitent au maximum des abondements de leur employeur. Ils vont pour cela adhérer au Perco (plan d'épargne pour la retraite collectif) disponible dans leur société. En versant 500 euros par mois chacun, et avec les abondements de l'employeur, ce plan leur permettra d'obtenir une rente au moment de la retraite.

Afin de diversifier leur patrimoine et bénéficier de l'effet de levier du crédit, ils vont acheter des résidences étudiantes dans le centre de Nice pour un montant total de 400 000 euros qu'ils emprunteront sur douze ans. Entre le loyer et le remboursement du crédit, ils devront mettre de leur poche environ 1 500 euros. Ils seront vigilants sur le choix de l'exploitant de la résidence, gage de sécurité de leur investissement. Une fois le crédit remboursé, le bien générera des revenus pour environ 2 000 euros par mois, dans le cadre fiscal avantageux du LMNP.

Cas n° 2 (Immobilier locatif) : Kevin Calbard

Kevin a 32 ans.

Il est enseignant à Paris

Il voudrait bien se marier mais il est très timide.

Ses deux parents sont morts dans un accident de voiture.

Il est fils unique et a donc été le seul héritier.

Revenus : 33 000 euros.

Dépenses : 33 000 euros.

Kevin vit dans l'appartement qui appartenait à ses parents et qu'il n'a jamais quitté.

Il a hérité d'un compte titres de 120 000 euros dans lequel il y a des actions américaines mais il ne comprend rien à la Bourse. Il a également hérité de 240 000 euros qu'il a placés en compte à terme dans sa banque, la même que celle des parents…

• Diagnostic

Il n'a aucune capacité d'épargne. Il doit se constituer une trésorerie de court terme pour avoir environ deux ans de salaires devant lui.

Il faut qu'il vende l'intégralité de son compte titres. Ce support ne bénéficie d'aucun avantage fiscal. Il ne paiera pas de plus-value car le prix de revient des titres sera celui du jour de la succession. L'appartement est trop grand pour lui et les charges très élevées. Il pourrait envisager la revente pour racheter un logement plus adapté à ses besoins.

• Préconisation

Il va déposer 60 000 euros sur un livret A, un livret de développement durable et un super-livret. Ça ne rapportera pas grand-chose, mais c'est de l'argent disponible en cas de besoin.

Les 300 000 euros restants seront investis sur un contrat d'assurance-vie souscrit en ligne, zéro droit d'entrée, avec 40 % en fonds en euros et 60 % en unités de compte plus risquées. Il n'y comprend rien mais il va falloir qu'il se penche un petit peu sur le sujet pour sélectionner quelques fonds qu'il conservera à long terme.

Avec ce contrat en garantie, la banque pourra lui accorder un prêt *in fine* qui lui permettra de faire un investissement locatif. Il va acheter une résidence d'affaires à la Défense. Les loyers rembourseront les intérêts du crédit et, au bout de vingt ans, il aura le choix entre revendre le bien pour rembourser le crédit, ou se servir des intérêts générés sur le contrat et conserver le bien.

S'il n'est pas trop attaché à sa maison, il faut qu'il la vende pour acheter une résidence plus petite. Il placera la différence entre la vente et l'achat sur son contrat d'assurance-vie. Une plus petite surface d'habitation lui générera automatiquement moins de frais. Il pourra alors commencer à épargner un peu tous les mois.

Cas n° 3 trimestres) :
Vincent Le Nause

Vincent a 57 ans. Ancien trader professionnel, il a bossé dans la plupart des grandes banques françaises. Vincent est un fou de travail. Pendant près de quinze ans, il a travaillé 24 h/24 et a engrangé de beaux profits (ce qui lui valu à l'époque le surnom de Vinny : « the Nose »). Lorsqu'il s'est marié en 1980, il a promis à sa femme de lever un peu le pied et a basculé vers le management.

Mais Vinny n'arrivait pas à décrocher. Il faut dire qu'il a toujours préféré l'ambiance des salles de marché à celle de la maison avec Roxane et les deux enfants. Divorce, donc. Le divorce ne l'a pas vraiment perturbé et lui a permis de mettre les bouchées doubles au travail jusqu'à ce soir de septembre 2008 où la faillite de Lehman et un infarctus ont failli lui coûter la vie. Un réveil brutal pour Vincent qui ne travaille plus maintenant qu'à temps partiel. Il s'occupe de ses deux enfants, Jennifer et Sébastien, qu'il apprend à connaître…

• Diagnostic

Pendant vingt-cinq ans, le salaire de Vincent dépassait systématiquement les plafonds de la Sécurité sociale. Par contre, depuis trois ans, son salaire ne dépasse pas les 25 000 euros. Son SAM (Salaire Annuel Moyen) se situe à 30 000 euros. Il a surtout engrangé un grand nombre de points de retraite complémentaire : 8 000 points ARRCO et 3 000 points AGIRC.

Étant né en 1955, Vincent ne pourra partir à la retraite qu'à partir de 62 ans. D'après ses calculs, il aura validé 148 trimestres sur 166, soit une durée d'assurance de 89,15 %. Il pourrait donc racheter 18 trimestres.

• Préconisation

S'il choisit l'option 1, le gain annuel sera égal à :

SAM (30000) × durée d'assurance (89 %) × décote par trimestre (0.625 %) = 167,16 euros

Le gain serait donc de 167 euros de rente annuelle par trimestre racheté. Le coût de l'option est de 11 % multiplié par son salaire des trois dernières années (plafonné à 3 000 euros). Vincent va donc payer son option 3 080 euros. Plutôt que de payer cette option, il pourrait placer ses 3 080 euros à 2,5 % (fini les risques…) pendant 5 ans. Son capital serait alors de 3 400 euros à 62 ans, ce qui devrait lui donner une rente viagère d'environ 200 euros. Le rachat de trimestres n'est donc pas très rentable. Mais il ne faut pas oublier la retraite complémentaire…

Pour calculer sa retraite complémentaire, il faut multiplier le nombre de points ARRCO et AGIRC par leur valeur au moment du départ à la retraite. Il faut également multiplier le résultat par le coefficient de minoration (qui dépend du nombre de trimestres manquants). Admettons qu'en 2017, les points ARRCO et AGIRC vaillent respectivement 1,34 et 0,46 euro (projection par rapport à l'évolution de ces cinq dernières années). La retraite complémentaire de Vincent serait alors de :

(8 000 × 1,34 + 3 000 × 0,46) × 0,80 = 9 696 euros par an.

S'il rachète un trimestre, la décote passe de 0,80 à 0,8175, soit 212 euros de gain par an. Le rachat est donc très intéressant pour lui.

Cas n° 4 (Dépendance) : Mme Nelly Bueno

Mme Nelly Bueno a 65 ans. Elle est retraitée.

Elle est veuve.

Elle vivait à Paris quand elle travaillait. Elle a vendu son appartement à Paris et a déménagé à Menton où elle loue un petit appartement avec vue sur la mer.

Nelly a deux enfants et huit petits-enfants.

Revenus nets : 54 000 euros
Dépenses : 29 000 euros

Nelly a 6 000 euros dans un livret de développement durable.

Elle a un contrat d'assurance-vie pour un montant de 32 000 euros intégralement investis dans des fonds euros.

Elle a peur de la dépendance mais veut tout de même laisser un petit héritage à ses petits-enfants.

• Diagnostic

Elle est en phase de transition. Elle n'a pas besoin de revenu complémentaire et dégage même une capacité d'épargne. Le danger est qu'elle n'est pas propriétaire de sa résidence principale. Les loyers peuvent augmenter beaucoup plus vite que ses revenus. Elle doit donc continuer à épargner. Cela la protégera également d'un risque de dépendance qui nécessiterait sûrement un besoin de revenu complémentaire.

• Préconisation

Sur son contrat d'assurance-vie, elle va transformer 50 % des fonds euros en SCPI. Cela lui permettra, sur un horizon de placement long terme, d'augmenter la performance globale de son contrat et de posséder de l'immobilier papier pour compenser le fait qu'elle est locataire. Elle versera également tous les mois ce qu'elle pourra épargner. Sans frais bien sûr. Grâce à sa clause bénéficiaire, elle pourra désigner toutes les personnes qu'elle souhaite protéger. Ils bénéficieront ainsi chacun d'un abattement de 152 500 euros sur la part qu'ils recevront. Autant dire qu'il n'y aura aucune fiscalité successorale.

En parallèle, elle va souscrire une assurance dépendance, en étudiant bien toutes les caractéristiques du contrat. Ça lui apportera la protection et la sérénité qu'elle mérite.

Cas n° 5 (Protection du conjoint) : Éric Sugardadi

Éric a 45 ans. Aîné d'une famille modeste de province, il a fait de brillantes études à Paris mais, à 23 ans, le décès de son père l'a forcé à rentrer dans son village natal pour s'occuper de sa mère, de ses deux sœurs et du commerce familial. Il a épousé Valérie, sa voisine et amie d'enfance qui ne l'avait jamais oublié... et avec qui il a eu trois enfants.

Puis, à 38 ans, il a eu la crise de la quarantaine (avec deux ans d'avance) et a tout plaqué pour retourner à Paris avec la jeune Sandrine, 26 ans. À ses côtés, Éric revit. Il a repris ses études et validé son diplôme. Il a décroché ensuite une belle place dans une grande société d'informatique. Éric et Sandrine se sont mariés (régime légal) l'année dernière et habitent un bel appartement dans le XVe qu'Éric a payé grâce à un emprunt sur 15 ans en plus de l'argent récupéré du divorce (grâce à la vente du magasin et de la maison).

Revenus nets : 80 000 euros.
Dépenses : 50 000 euros.
Valeur du bien immobilier : 700 000 euros.
Contrat d'assurance-vie : 250 000 euros.
Livrets : 60 000 euros.

Si Sandrine ne travaille pas (elle essaye de monter son entreprise de *wedding planner* mais pour l'instant sans succès), le salaire d'Éric leur permet quand même de vivre confortablement. Éric verse même chaque mois un peu d'argent dans un contrat d'assurance-vie qu'il a souscrit pour faire plaisir à son banquier et dont les bénéficiaires sont ses trois enfants qui travaillent tous… et bientôt un quatrième, car Sandrine est enceinte.

• Diagnostic

Éric doit penser à sa nouvelle famille. Les enfants de son précédent mariage ont déjà une situation confortable et récupéreront à la succession une belle somme avec le contrat d'assurance vie. C'est sa nouvelle famille qui est plus en danger car Sandrine ne travaille pas, et la retraite qu'Éric va toucher dans vingt ans risque d'être trop faible pour leur confort de vie quotidien. Il faut également qu'il protège son conjoint en cas de décès, car il ne veut pas que comme lui, son enfant soit obligé d'arrêter ses études à vingt ans pour s'occuper de sa mère s'il lui arrive malheur…

• Préconisation

Éric va couper les versements programmés dans son contrat d'assurance-vie à sa banque sur lequel il paye en plus des frais sur versement trop élevés. Il va ouvrir un autre contrat d'assurance-vie sur Internet, en désignant Sandrine comme bénéficiaire. Il y met les 60 000 euros de ses livrets et complétera par des versements de 1 500 euros par mois.

Cette épargne aura deux objectifs : leur permettre de bénéficier d'un complément de retraite dans vingt ans, et permettre à Sandrine d'être protégée s'il décède.

Dans ce contrat, il va mettre 50 % en fonds euros, 30 % en SCPI et 20 % en fonds d'actions européennes (il va falloir prendre un peu de risque si on veut maintenir le même niveau de vie à la retraite).

Lorsqu'il estimera que sa famille est suffisamment bien protégée, il pourrait reprendre les versements sur le contrat d'assurance vie à destination de ses enfants, mais à la condition de ne pas payer de frais de versement.

Cas n° 6 (La retraite des fonctionnaires) : Michel et Sandra Babeaux

Michel et Sandra sont enseignants.

Ils se sont rencontrés sur les bancs de Jussieu.

Ils faisaient partie de la Ligue communiste révolutionnaire à la fin des années 1970.

Ils ont voté Mitterrand en 1981.

Et aujourd'hui ce sont des vrais bobos : ils ne se déplacent qu'en vélo, habitent un loft sur le canal Saint-Martin, ne mangent que des légumes, bios uniquement, et ont voté Hollande.

Ils sont heureux car le gouvernement est plus un gouvernement pour les enseignants que pour les entrepreneurs.

Ils enseignent tous les deux l'économie et expliquent à leurs jeunes et brillants élèves à quel point le modèle anglo-saxon et le capitalisme incarnent le Mal absolu.

Cependant, ils ont un peu d'argent de côté. Bien malgré eux. Un héritage… ou deux.

Ils ont profité de la hausse des plafonds pour remplir leur livret A et leur livret de développement durable (du social et du développement durable, ce n'est pas vraiment un placement capitaliste…).

Ils ont 53 ans tous les deux. Ils n'ont plus de crédit sur leur appartement dont la valeur a, bien malgré eux, explosé et approche le million.

Ils n'ont pas d'enfant (*No future…*) et ont une capacité d'épargne de 1 500 euros par mois après leur *budget trek* au Bhoutan.

Salaire du couple : 50 000 euros.

Charges réelles du couple : 30 000 euros.

Leur appartement vaut 970 000 euros.

Ils ont deux livrets A et deux LDD, pour un total de 50 000 euros.

Michel et Sandra ont déjà validé respectivement 114 et 116 trimestres : une carrière bien remplie, débutée à

23 ans et interrompue juste pour un voyage d'un an en Afrique qui leur a permis de se rendre compte de la misère du monde.

Ils se demandent à quel âge ils pourront partir à la retraite, comment se constituer un petit revenu supplémentaire pour pouvoir continuer à voyager vert dans le monde entier et s'ils doivent souscrire à la Préfon.

• Diagnostic

Sandra et Michel n'ont pas trop à s'inquiéter pour leur retraite. Le taux plein pour les fonctionnaires est en effet égal à 75 % du traitement indiciaire (qui se base sur les dernières rémunérations du fonctionnaire). Pour ce faire, ils doivent avoir 65 ans ou 166 trimestres (et au moins 62 ans).

Ils pourront partir à la retraite à partir de 62 ans, mais ils n'auront alors pas validé tous leurs trimestres. Le taux de leur pension serait alors de 70 %. Plus ils partent tard, plus ce taux se rapprochera des 75 %. À cela il faut rajouter la retraite complémentaire, et les revenus de leur épargne.

• Préconisation

Il va être difficile de convaincre Michel et Sandra d'attendre 65 ans pour partir en retraite (et puis quoi encore, pourquoi pas 70 ans tant que vous y êtes ?) surtout que leur pension de retraite à 62 ans sera déjà plutôt élevée.

Pour augmenter leurs revenus et conserver le même niveau de vie à leur retraite, ils bénéficient de deux solutions, deux sacrifices :

— pendant les dix ans qu'il leur reste de vie active, ils vont devoir économiser pour épargner 2 000 euros par mois. Ils vont placer ce capital, ainsi que le capital placé sur les livrets, dans un contrat d'assurance-vie avec 70 % dans le fonds euros et 30 % en unités de compte ;

— ils vont devoir vendre leur loft sur le canal Saint-Martin et acheter un appartement moins cher dans un quartier un peu moins branché. S'ils veulent absolument rester dans leur loft, ils pourraient également envisager de le vendre en viager ou d'obtenir un prêt viager hypothécaire

Dans les deux cas, le capital obtenu leur permettra de compléter leur revenu à la retraite et de conserver le même niveau de vie. Sans enfant, ils pourraient même opter pour le versement d'une rente mais à condition de souscrire à plusieurs protections (doublement de la pension en cas de dépendance, réversion en cas de décès).

Si la solution rente leur convient, ils pourraient dès maintenant souscrire à la Préfon, mais avec parcimonie et sans dépasser les plafonds de réduction d'impôt (ça va, ce n'est pas une niche fiscale...). La Préfon serait assez intéressante si on pousse la carrière au-delà de 65 ans (il y a des majorations), mais ce n'est pas la vision de Michel et Sandra...

Cas n° 7 (Le viager et le prêt viager hypothécaire) : Maurice Mimoun

Maurice a 82 ans. Il est veuf.

Il touche une pension de 2 400 euros. Il a travaillé quarante ans dans la même grande entreprise aéronautique française.

Il n'a aucune épargne mais il possède sa maison sur les hauteurs de Nice où il a pris sa retraite.

Il a une pêche d'enfer.

Il court encore deux à trois fois par semaine et réalise de bons scores aux 20 km de « Courir pour une fleur » à Antibes. Son cousin, Alain Mimoun, avait été champion olympique en 1956 au marathon de Melbourne.

Il a 3 enfants et 9 petits-enfants.

Avec sa pension il couvre ses frais de vie et parvient à les gâter. Ce sont ses seules dépenses…

Il voudrait augmenter son revenu sans déménager. Il se pose également des questions sur la dépendance. S'il devait devenir dépendant, ses 2 400 euros ne suffiraient pas à couvrir les frais d'une dépendance totale ni les frais pour avoir une aide à la maison en cas de dépendance partielle.

Il se demande s'il doit opter pour un viager et ce qu'il peut faire d'autre pour régler son problème.

• Diagnostic

Tout d'abord je le félicite. J'aimerais avoir sa pêche à son âge. Mais il a raison de se poser des questions : il doit absolument se protéger d'un risque de dépendance. Il faut pour cela qu'il pense à lui et qu'il arrête un peu de gâter ses enfants et ses petits-enfants. C'est un peu triste mais il s'en voudrait trop s'il devait un jour dépendre d'eux. Le viager peut être une bonne solution afin de transformer sa résidence principale en revenu complémentaire. En revanche, cela prive ses enfants et petits-enfants de cette belle maison.

• Préconisation

Le viager lui offre en effet une bonne protection tout en lui permettant de continuer à vivre dans sa maison. Mais l'inconvénient c'est qu'il ne transmettra rien même s'il meurt très peu de temps après sa vente. Le prêt viager hypothécaire peut répondre à cette problématique sans pénaliser pour autant la succession. Il lui permet d'emprunter de l'argent en échange de l'hypothèque de son bien. C'est un prêt sans paiement de mensualités. Il va donc pouvoir capitaliser ce prêt et s'en servir en cas de besoin. Sur cette somme il ne prendra aucun risque. Livret A, LDD et fonds en euros d'un contrat d'assurance-vie en ligne avec comme bénéficiaire, ses enfants et ses petits-enfants.

Il n'a donc pas le choix. Il doit privilégier et son in-dépendance et une éventuelle succession. Priorité à l'in-dépendance. Et à la course à pied.

Cas n° 8 (Contrats de capitalisation) : Alphonse et Mirelle Frutos

Alphonse a 78 ans. Mirelle a 75 ans.

Ils viennent de fêter leurs 50 ans de mariage et sont amoureux comme au premier jour.

Ils ont trois enfants.

Ils sont mariés sous régime de la communauté universelle.

Ils possèdent une belle maison dans la banlieue ouest de Paris d'une valeur d'un million d'euros et une résidence secondaire en Normandie d'une valeur de 600 000 euros.

Ils ont un compte titres chacun. Ils ne le suivent plus depuis 2008 et ont perdu une petite fortune avec la crise financière. Il leur reste quand même 600 000 euros. Ils ont en plus chacun un contrat d'assurance-vie de 400 000 euros dont l'intégralité des versements a été fait avant leurs 70 ans.

Leur retraite est confortable. 3 000 euros chacun. Mais leur train de vie est très élevé : ils voyagent beaucoup et doivent donc régulièrement piocher dans leur assurance-vie. Ils évitent de toucher aux comptes titres car ils ne parviennent pas à vendre avec une perte de 50 %.

• Diagnostic

La vie est belle. Très belle. Les Frutos sont des privilégiés. Leur surface patrimoniale est très large. Et la répartition de leur patrimoine correspond assez bien à leur âge.

L'immobilier pour l'usage, les placements pour la retraite et pour la transmission. Le fait d'avoir rempli leurs contrats d'assurance-vie avant 70 ans leur permet de bénéficier d'un abattement de 152 500 euros par bénéficiaire lors de la transmission, ce qui n'est plus le cas pour les versements après 70 ans.

Avec trois enfants, ils disposent d'assez d'abattement pour transmettre les contrats sans droits de succession. Ils ne doivent donc plus y toucher. Il va cependant falloir qu'ils réorientent les comptes titres vers des enveloppes plus souples permettant de préparer la transmission… sans le stress de la Bourse.

• Préconisation

Liquider le compte titres. Tant pis pour la perte. Ils peuvent récupérer une partie de leur perte, en cas de rebond de la Bourse, en investissant 30 % de leurs assurances-vie dans des fonds indiciels. Avec les 600 000 euros de la revente, ils vont ouvrir trois contrats de capitalisation de 200 000 euros en co-souscription. Ils pourront donner la nue-propriété d'un contrat à chacun de leurs enfants, avec une réserve de quasi-usufruit. Le quasi-usufruit permet plus de liberté à l'usufruitier qu'un simple usufruit. Les Frutos peuvent en effet disposer librement des montants investis au-delà des intérêts générés par les contrats. Compte tenu de leur âge, l'usufruit a une valeur de 70 % du montant transmis. Et chaque parent a droit à un abattement de 100 000 euros. Ils pourront donc transmettre intégralement les 600 000 euros sans aucun droit de succession.

Cas n° 9 (Le décès du conjoint) : Mme Jolie

Émilie a 61 ans.

Son mari Émile, âgé de 71 ans, vient de mourir. Il était architecte et était à la retraite depuis moins d'un an. Même pas eu le temps d'en profiter…

Elle habite dans une maison dans la région de Nantes qu'Émilie ne veut pas quitter.

Elle n'a jamais travaillé et s'est toujours occupée avec brio de ses quatre enfants qui sont aujourd'hui tous indépendants.

Émile l'a toujours tenue à l'écart de ses « affaires ».

Elle ne sait même pas combien ils ont d'économies, elle ne sait même pas combien de retraite il touchait, combien elle récupérera et comment les récupérer.

Elle est perdue et ses quatre enfants vivent à l'étranger.

• L'urgence : les démarches à faire après le décès

Pour ouvrir la succession, Émilie va devoir se rendre à la mairie du lieu de décès avec le certificat de décès et le livret de famille. Ensuite, elle devra contacter un notaire qui s'occupera de demander les informations auprès des établissements financiers (banques et assureurs) afin de déterminer l'actif successoral.

De son côté, elle va devoir s'occuper d'obtenir la réversion de sa pension de retraite : il faut qu'elle fasse une demande auprès la Caisse interprofessionnelle de prévoyance et d'assurance vieillesse (CIPAV) dont dépendent les architectes, pour leur pension de base et leur retraite complémentaire. Elle pourra les contacter par téléphone au 01 44 95 68 49, ou par courrier au 9, rue de Vienne 75403 Paris cedex 08.

Émilie va bénéficier d'une réversion de 1 150 euros par mois. Elle obtient 1/4 de la succession, en plus de sa part dans l'actif successoral. Elle récupère donc une somme de 30 000 euros qui, déposés à la banque, représentent un peu plus de la moitié de la maison en pleine propriété (le reste appartenant à ses enfants) et une somme de 200 000 euros qu'Émile avait placée pour elle dans un contrat d'assurance-vie.

Salaire du couple : 13 800 euros.

Charges réelles du couple : 9 000 euros.

Liquidités : 230 000 euros.

La maison vaut 350 000 euros et appartient pour 5/8 à Émilie.

• Diagnostic

Si l'argent ne fait pas le bonheur, et ne remplacera pas la perte de son Émile, Émilie va quand même bénéficier d'un bon pactole pour se changer les idées et même voyager à l'étranger pour voir ses enfants. À 61 ans, Émilie a encore une vie devant elle.

L'autre sujet important pour Émilie est la dépendance : ses enfants étant à l'étranger, elle ne pourra compter sur personne en cas de problème.

• Préconisation

Elle va commencer par placer ses liquidités (plutôt que de les laisser dormir). Elle remplira au maximum un livret A et un LDD : 25 000 euros dans lequel elle puisera dès qu'elle en aura besoin. Le reste, elle le placera dans un contrat d'assurance-vie sans frais d'entrée, 100 % en fonds euros, auquel elle touchera uniquement pour renflouer les livrets si nécessaire.

Elle souscrira également à un contrat d'assurance dépendance. En privilégiant surtout un contrat qui offre des prestations en nature (aides et soins, tâches domestiques) plus qu'en espèces.

Cas n° 10 (Travail et retraite) : Marcel et Jeanne Fons

Marcel, 65 ans, en pleine forme…

Ancien salarié dans une entreprise de menuiserie, Il vient de prendre sa retraite, à 65 ans, l'âge du taux plein même s'il n'avait pas tous ses trimestres.

Un vrai crève-cœur pour Marcel : les tâches étaient passionnantes, le boulot agréable, et les gars comme le vieux Serge et le gros Tonio vont lui manquer. Il met en plus son patron et ami René dans une position difficile. La concurrence est rude : remplacer Marcel et former quelqu'un qui a le même « coup de main » coûtera cher.

Mais bon quand faut y aller, faut y aller et de toute façon, bosser plus n'aurait pas amélioré sa retraite, alors… Et puis la retraite, ça fait quand même 10 ans qu'il y pense avec sa femme Jeanne, et ils veulent en profiter !

Marcel a d'autres soucis : avec une pension égale à 50 % de ses derniers salaires, joindre les deux bouts ne va pas être simple. Sa femme ne travaille pas et il doit subvenir aux besoins du petit dernier, Christian, 30 ans, qui prépare sa thèse en mathématiques appliquées (une tête celui-là mais qui ne sait pas se servir de ses mains).

Ils sont propriétaires de leur résidence principale évaluée à 120 000 euros avec un solde de crédit qui court sur trois ans et ont 10 000 euros sur un livret A.

• Diagnostic

Pour Marcel, l'heure de la retraite n'a pas encore sonné. Avec le crédit et leur « Tanguy » à la maison, il va devoir retourner au boulot pour cumuler emploi et retraite.

C'est en tout cas ce qu'il va dire à Jeanne. Car de son côté, Marcel n'y va pas en traînant les pieds : René va l'accueillir les bras ouverts et il pourra profiter d'un complément de revenu, d'horaires aménagés et de 2-3 ans à rigoler avec les copains. C'est vrai que ça ne va pas améliorer sa pension de base mais ça améliore par contre sa retraite complémentaire.

Il prendra définitivement sa retraite dans trois ans, quand Tanguy aura fini ses études (il trouvera bien un poste d'assistant prof en université ou prépa) et que le crédit sera remboursé. Cela leur permettra de réduire drastiquement leurs dépenses, et de profiter un peu de leur retraite, tout en économisant pour se protéger.

C'est l'autre gros point sur lequel il va devoir travailler : il lui faudra mettre de côté un patrimoine pour protéger Jeanne en cas de décès ou de dépendance.

• Préconisation

Marcel va se mettre d'accord avec son ancien employeur pour un nouveau contrat aménagé : l'objectif est d'en tirer un complément de revenu annuel d'environ 10 000 euros pendant trois ans.

Dès aujourd'hui, il va ouvrir un contrat d'assurance-vie sans droits d'entrée et y verser 100 euros par mois. Tout sur un fonds euros : il faut privilégier la sécurité car l'objectif est de protéger Jeanne qu'il désigne comme bénéficiaire.

À la retraite, lorsque le crédit sera remboursé et Christian parti, il va faire le point avec Jeanne sur les dépenses : ils vont devoir supprimer les dépenses superflues tout en préservant un budget « loisirs ».

Il maintiendra le versement de 100 euros par mois sur le contrat d'assurance-vie et s'ils parviennent à réduire leurs dépenses, il pourra même augmenter ce versement, voire souscrire à une assurance dépendance.

REMERCIEMENTS

Je tiens à remercier l'équipe de MonFinancier.com et en particulier Yannick Hamon, Gauthier Maes et Maxime Marcon.

Merci pour leurs dossiers et articles sur la retraite aux quotidiens et magazines suivants : *Les Échos, Challenges, Aujourd'hui/Le Parisien, Le Figaro, Capital, La Tribune, Le Monde, Le Revenu, Investir, Mieux vivre votre argent*, *Financial Times, Fortune, The Economist*, ainsi qu'à tous les sites spécialisés sur la retraite cités dans le livre.

Un grand merci au GIP Info retraite.

Composé par Nord Compo Multimédia
7, rue de Fives, 59650 Villeneuve-d'Ascq

Cet ouvrage a été achevé d' imprimer en decembre 2012

sur les presses de l' imprimerie SIO
94120 Fontenay sous Bois

Dépôt légal : janvier 2013
N° d'édition : 52837/01. – N° d'impression : 2121872
Imprimé en France